# 时间觉醒

## 时间管理的100个方法

李尚龙　著

江苏凤凰文艺出版社
JIANGSU PHOENIX LITERATURE AND
ART PUBLISHING

**图书在版编目（CIP）数据**

时间觉醒 ：时间管理的 100 个方法 / 李尚龙著 . 南京 ：江苏凤凰文艺出版社， 2025. 7. -- ISBN 978-7-5594-3691-7

Ⅰ . C935

中国国家版本馆 CIP 数据核字第 2025JG1023 号

# 时间觉醒：时间管理的 100 个方法

李尚龙 著


| | |
|---|---|
| 责任编辑 | 周颖若 |
| 特约编辑 | 许婷婷 |
| 封面设计 | 呦鹿 1015838109@qq.com · 阿漫 |
| 出版发行 | 江苏凤凰文艺出版社 |
| | 南京市中央路 165 号，邮编：210009 |
| 网　　址 | http://www.jswenyi.com |
| 印　　刷 | 三河市嘉科万达彩色印刷有限公司 |
| 开　　本 | 880mm × 1230mm　1/32 |
| 印　　张 | 7.5 |
| 字　　数 | 140 千字 |
| 版　　次 | 2025 年 7 月第 1 版 |
| 印　　次 | 2025 年 7 月第 1 次印刷 |
| 书　　号 | ISBN 978-7-5594-3691-7 |
| 定　　价 | 69.80 元 |

# PREFACE
# 序

市面上时间管理的书籍已经有很多，我不想再用几十万字来重复已有的内容。这本书短小精悍，像花大钱请教练给制定的健身计划，直击要点。

我阅读并整理了所有经典的时间管理书籍，并结合自己多年的实践经验，提炼出 100 个实用的时间管理技巧。

在开始撰写这本书时，刚好距离 2023 年结束还有 100 天。我脑海中浮现出许多关于时间的名人名言，而让我印象最深刻的一句是："这个世界本身并不公平，但你和任何人相比，每天都只有 24 小时。"的确，如果世界只有一个地方是公平的，那么它一定是如此：你和任何有权有势有钱的人比，你们一天都只有 24 个小时。

在修改这本书的时候，2025 年刚刚过完一个月，我在飞机上、汽车里、图书馆里、高铁上笔耕不辍，感受着时间流逝。写这本书的时候，我还在北京，定稿的时候，我正在飞往洛杉矶的路上。

这本书的创作目的和之前的作品都不同。本书的目的就是让你随手翻开一页，就能立刻找到一个可行的方法，提升时间利用率。所以，不用一页页地翻，随便翻一页，你就会有收获。

记住：你只有这一生，只有此时此刻是全部，此时此刻就是永久。

李尚龙

2025 年 2 月 2 日 星期日

于洛杉矶机场

# CONTENTS

# 目 录

# 001

## 别管理时间，管理目标

关于时间管理的第一条原则听起来可能让人意外，但它是整个体系的核心：**管理目标，而不是管理时间。**

仅仅管理时间是没有意义的。许多职场人士精通各种时间管理技巧，也能高效安排学习时间，但省下的时间往往被用于打游戏、追剧，最终仍然被浪费。

**请牢记这句话：“如果没有明确的目标，管理时间毫无意义。”**

就像出门旅行，你必须先确定目的地，地图才会给你最佳路线。否则，你只是漫无目的地行走。面对浩瀚世界，你只会感到迷茫。

我们先看一个找工作的传统逻辑，大多数人遵循以下职业路径：

- 先找一份工作。
- 在工作周围搭建生活。

- 最后再向老板争取灵活性。

然而，这也是许多人感到不快乐的原因——他们忘记了自己的目标。他们找到一份薪水不错的工作，每天投入 10 个小时，围绕工作安排生活，然后再去谈论假期。在这种模式下，时间从未真正属于自己。

## 正确的路径：目标优先

正确的方式应该是：

- **设定人生目标**：你想要怎样的生活？想去哪里生活？想怎么自由地生活？
- **规划实现路径**：如何才能实现这种生活方式？
- **匹配职业选择**：根据目标选择合适的工作，而不是被工作绑架。

## 我的故事

我很小的时候给自己设定的目标是自由地生活。于是，我计算了生活和旅行的成本，决定成为网课老师和作家。如今，我能够自由安排时间，同时过上更快乐的生活，因为我最先管理的，是自己的目标。

时间管理的许多书籍都在教我们如何节省时间，但如果我们不知道自己的终点，或者何时、以何种方式结束旅程，那么我们究竟在管理什么？

人生的终点是死亡，而它往往来得猝不及防。

我们唯一能做的，就是时刻提醒自己：**你只有这一生，所以一定要先设定目标。**

### 目标管理清单

- 每天早上设定一个小目标，如今天至少完成三件重要的事情。
- 每周设定一个关键目标，如本周要签约两个客户。
- 每年设定方向，列出事业、学习、健康、财富、成就、自我成长等方面的目标。
- 定期复盘，看设定的目标是否完成。如果未完成，原因是什么？如何调整策略，提高执行力？

目标清晰，时间才有意义。管理好你的目标，你的时间自然会得到最优管理。这也是本书的核心理念。

# 002

## 每天早上列一个计划

我多年来坚持的一个好习惯是：**每天早上列计划**。

我发现，这个简单的动作包含了两个关键步骤：

- **指方向**——明确今天的核心任务。
- **落实执行**——制定具体的行动方案。

比如这本书的写作，我先设定了 100 天内完成的目标，然后细化为每日的写作任务，包括篇幅、字数和进度规划。当计划写下来，目标感就变得清晰，执行效率自然会提升。

很多人早起赶地铁，到公司后，晃悠几圈买杯咖啡，抽根烟，不知不觉间就到了午餐时间。这样看似是消磨时间，实际上是在浪费自己最宝贵的精力。

**请记住，如果你不制定计划，就会被别人安排计划。**

### 如何高效制定每日计划

- 早起 5 分钟，冥想与规划——找一个安静的地方，想清楚今天的重点。

- 写下待办清单——每完成一项，就划掉一项，享受成就感。
- 拆解长期目标——比如想学AI(人工智能)、编程、英语、音乐等，可以把大目标拆分成每日任务。
- 定期修正计划——不断调整优化，提高执行力。

### 推荐两个好用的工具

- 手机日历和滴答清单——帮助你高效规划任务。
- 纸质笔记本——写下计划，更有仪式感。

世界上最可怕的事情，是勤奋的人还懂得仪式感。

希望你和我一样，每天用计划管理时间，让目标更加清晰，生活更加高效。

# 003

## 算算时薪，判断事物的重要性

时间管理的另一条核心来自《高效能人士的七个习惯》：**要事先行**。

什么是要事？当你无法判断的时候，就记住一句话：**贵的事情先做**。

这里的贵不仅仅是金钱方面，也有更稀缺的含义。

比如我上大学的时候，一位中国人民大学的教授来学校讲座，我的朋友问我要不要逃课去听，我当时害怕被点名就没去。现在想起来却后悔不已，因为我们那课随时都能上，但这位教授难得来一次学校。这个讲座更稀缺，我为什么不选择去听讲座呢？

后来我才明白这是时间管理的重点，把时间用在贵的、稀缺的事情上。

**时间总的来说都是要被浪费的，但请你记住一句话：把时间浪费在热爱的事情上。**

## 让时间值钱的核心逻辑

时间有一个特点，就是你越认为它值钱，越做值钱的事情，那它就会越值钱。反之亦然。你越觉得自己的时间廉价，越做没意义的事情，时间就会越来越廉价。

学着分析自己做事的赚钱密度，提前列出工作内容，核对工作进度，做重要的事情，然后有效授权给合适的人去处理紧急事务和你自己不擅长的事情。

## 计算方法

时间是否值钱，并不是看年薪、月薪，而是看时薪，即每小时赚到的钱。

比如，有两项任务：

- A 任务收入 200 元，1 小时完成。
- B 任务收入 300 元，3 小时完成。

B 任务看起来赚得多，但实际上没有 A 任务重要。因为用任务的收入除以完成时间，A 任务的密度是 200 元，B 任务的密度是 100 元。

因此，B 任务必须排在 A 任务之后，无论 B 看起来多么赚钱。记住，先做赚钱密度高的事情。

赚钱密度 = 收入 / 工作时间。

最后记住：如果你不在乎自己的时间，每天打游戏、吃喝玩乐，那么就不会有人在乎你的时间；如果你觉得自己的时间很贵，关注自我提升，寻求精进，努力赚钱，那么每个人都会觉得你更值钱。

# 004

## 用二八定律，聚焦 20% 的高效

二八定律本身来自社会学，意味着 20% 的人拥有 80% 的财富，80% 的人为 20% 的人服务。这放在时间管理上，依旧受用。

聪明的人，用 80% 的精力做 20% 最重要的事情，用 80% 的时间来处理会影响到未来的事情。

这就要求你一定要安排事情的优先级，然后用最好的时间去做这些事。

我每天早上只要起床，就会喝一杯咖啡，确保我接下来 3 个小时的状态是最好的。这 3 个小时内我只会干一件事：坐在电脑旁，雷打不动写 2000 字。写累了，我就随手拿出一本书看。

这就是我为什么每年能出一本书，还能看 100 多本书的秘诀。我并不是在管理时间，而是在用“二八定律”。把最好的时间放在最重要的事情上，这就是效率。

我不敢想象如果每天早上起床都要开三五个电话会议，回复七八条必须处理的信息，这样到了下午无比疲惫的时候，我打开电脑还能写出点什么？这也是我后面去了温哥华特别痛苦的原因之一，因为每天我起来后，都要处理国内大量的信息。

除了精力，你还需要注意的是“未来”。“牛人”和“菜鸟”的区别在于：“牛人”着眼于未来，会为几年后布局；“菜鸟”盯着现在，今朝有酒今朝醉。虽然你要活在当下，但是你要看向未来。

用 80% 的时间来处理会影响到未来的事情。思考一下：什么事情会影响你的未来？你做的这件事在蝴蝶效应的发酵下，未来是会加分还是减分？比如我在这里写这些文字，我相信 5 年之后，依旧有人读到这些文字会受益，那么，这其实也是我对未来的布局。虽然每写一篇文章可能要写一个小时，但这时间是来处理会影响到未来事情的。

想想未来你会成为什么样的人，你要怎么成为这样的人，并把时间放在这些事情上面。

**如果你不知道未来会成为什么样的人，也不知道自己要做什么，那至少做两件稳赚不赔的事情：读书和锻炼。**一个是健脑，另一个是健身。投资自己是稳赚不赔的，当然，投资自己，其实也是看向未来。

# 005

## 专注力是一切，把一件事做到底

专注力胜于勤奋，真正的效率源于高质量的专注时间。

为什么有些学生学一个小时的效率比别人学七八个小时的效率要高？**因为专注力胜于一切**。

怎么提高专注力呢？我的方法是，不要去过分强调今天学习了多久，**而要关注自己学到了什么。**

**也就是说，以结果为导向，用四个字概括就是：以终为始**。就好比我在这里写了 10 个小时，但我只写了 1 个字，就说明我的效率很低，专注力很差。但如果我写了 20 分钟，竟然写了 5000 字，那说明我的专注力上来了。

**怎么提高专注力？**

有太多的课和书告诉大家应该怎么做，这里我总结了几条，分享给你：

- **不值得做的事情，一分钟都不要去做。**所谓不值得做的事情，指的是不赚钱的事情、没有成就感的事情、没有意义的事情。放弃这些低价值的消耗，可以快速提升你的整体专注力。

- **一次只做一件事情。**一次只做一件事最容易产生心流，也更容易集中自己的注意力和认知资源，因为大脑就是这么被设定的。如果你习惯了同时处理多个任务，那么你的大脑会被频繁打断，从而影响自己的专注状态。

- **持续至少一个小时不要被打断。**在决定进入这段高效时间前，关掉手机，关闭电脑里总是弹出来的程序，更不要总是东张西望，总觉得微信里有人找你，也别产生错觉觉得朋友圈又多了好几个小红点。学会屏蔽无关的干扰，是保持高效专注的基础。

- **减少多个任务。**可以主动打断事情寻求高效率，但不要被动打断。如果你做的事情中途被打断，那你最终做完这件事所耗费的时间至少是持续工作的 5 倍。每一次的中断，都会让你的思维需要重新联系上下文，极大地降低了效率。

- **设立正反馈。**自己完成任务后，给自己点奖励，当然也可以设置一些惩罚来避免注意力分散。奖励不需要太大，如完成了一段写作后吃一块巧克力，或者完成一个项目后去看一场喜欢的电影。正反馈能够激励你持续保持高效专注。

总之，专注力决定你的成果。与其耗费大量时间低效地工作，不如通过训练专注力，在有限的时间内高效输出成果。

# 006

## 给自己设定奖励，激发持续动力

奖励这个东西很有趣，从小到大你都需要，我也是。由于懒惰被深刻地刻在人的骨子里，于是就有了心理学上著名的帕金森定律：**事情总是会拖到最后一分钟完成**。

想想你每次学习、工作时的状态，是不是都会拖到最后时效率才开始变高。我每次在准备开始写作的时候，总觉得要洗头发了，要剪指甲了，要换衣服了，好不容易做完这些事，又觉得好久没跟家人打电话了，好久没跟新朋友聚了，等这些微信、电话都发完、打完，一上午过去了，白白起了个大早。

**怎么解决呢？一定要给自己设立奖励。**

我很喜欢玩一款游戏，所以我告诉自己只要完成了今天的目标，就奖励自己玩半个小时。在此之前我绝对不碰这款游戏，除非我完成今天给自己定的目标。因为有这样一种吸引力，所以我的工作效率就提高了很多，而且高到你无法相信。如果你不爱打游戏，不妨试试吃一顿好吃的，叫一个半小时送到的外卖，要求自己半小时完成某件事，完成后刚好可以吃上它。

再比如你可以设立一个周计划，完成之后奖励自己去一趟迪士尼乐园。你也可以设置一个月计划，完成之后奖励自己进行一次自驾游。

要相信我们是有可能在 2 个小时内完成 8 个小时工作的，就好比很多人一周才做了一份 PPT，但效率高的话，一天就可以完成，我觉得很多人可能根本不知道自己的时间效率可以这么高。**所以，不要把 2 个小时的工作拖到 8 个小时完成。**

**完成一个分段目标，应该给自己一个奖励，完成一个大的目标，就要给自己一个大的奖励，这样可以产生持续的行动力。**

# 007

## 学会拒绝干扰

在快节奏的现代生活中，时间管理成了每个人都需要掌握的技能。而高效管理时间的核心之一，就是学会拒绝干扰，对无关的事务说“不”。

那要怎么学会拒绝干扰呢?

这里我总结几条，分享给你：

- **明确自己的目标和优先级。**在目标清晰的前提下，我们能够更好地判断哪些事情值得投入时间和精力，哪些事情则可以果断拒绝。当你专注于实现重要目标时，学会对那些无关紧要的干扰说“不”，是保障效率的关键一步。

- **主动减少干扰源。**如关闭不必要的手机通知；选择一个安静的环境工作或学习，避免频繁被打断。可以借鉴“番茄工作法”，在设定的时间段内全身心投入任务，期间不允许任何干扰。这样，我们能更高效地完成任务，而不是被各种琐事牵着鼻子走。

- **培养深度工作的能力。**卡尔·纽波特在《深度工作：如何有效使用每一点脑力》一书中提到，深度工作是指在无干扰的状态下专注进行职业活动，使认知能力达到极限。这意味着我们需要训练自己的大脑适应长时间的专注，而不是频繁切换任务。当我们在一段时间内只做一件事时，往往能取得更好的成果。

时间管理的本质是价值排序系统。当我们在手机上设置“屏幕停用时间”、对无关的会议说“不”时，守护的不仅是我们的时间，更是持续专注带来的复利成长。

# 008

## 千万千万不要故意拖延，立即行动才是王道

拖延这件事已经有很多书讲过了，我看过最有趣的一个段子是，一个人买了一本有关拖延症的书，因为拖延症至今没有读完。

**打败拖延的最好方式其实就是马上去做。**迈出了第一步，你会发现很多事情都简单了很多。因为你迈出了第一步，所以有了沉没成本，于是你会自发地做完。

比如你想要减肥，可以立刻就断一天食，楼下跑一圈，此时你不得不去做一个长远的计划，让自己瘦下来。比如你想考高分，可以立刻去报一个班或者背 50 个单词。比如你想周游世界，可以立刻买一张机票，如果没钱，你就知道自己第一步并不是买机票，而是去赚钱。

第一步可以小一点。比如你想要成为一名作家，一天写 3000 字很难，不妨试试给自己定一个一天写 200 字的目标。慢

慢积累，慢慢变多，也能让自己迈出第一步。

如果迈出了第一步还是会拖延，怎么办？**我的建议是要学会给自己打鸡血，不停地对自己说："立刻去做！立刻去做！立刻去做！"**重要的事情说三遍。

每次我开启一个项目，在家里写作的墙上都写着这 4 个字：**立刻去做。**

这样我一坐在电脑旁边，工作效率就高了很多。

不要总是觉得自己可以做到完美，也别觉得要找一个完美的一天去开始，因为**人都是先完成再完美的。**也别觉得明天你的状态会更好，因为谁也不知道明天和意外哪个先到。

我一位朋友的家里有一块匾，上面写着：**"今日事，今日毕，不失信于自己。"**

其实，克服拖延也就是这 6 字箴言：**"今日事，今日毕！"**

# 009

## 授权给他人，解放你的时间

我小时候读《雍正传》，觉得雍正太不容易了。他为了帮父亲还债，帮儿子挣钱，即位后就没有出过北京城，一天睡两个小时的觉，全年除了生日都在工作，登基 13 年，几乎是累死在皇位上的。

后来我才知道，虽然他很勤劳，很多事情都亲力亲为，但他完全可以不这样做，**因为好的领导可以授权于他人。**可惜那个时候政局不稳，加上生性多疑，他必须亲力亲为。

后来我也明白，好的领导不一定是好的执行者，也并不需要每件事都做，只需学会授权。就好比唐僧，只需要指明方向，不用打妖怪和扛行李。这就是管理学大师杰克·韦尔奇说的那句：**“管得少就是管得好。”**

其实所有高效能人士都应该学会授权。

学会授权，才能管理时间，才能拥有空闲，所以请把自己不重要的事情授权给别人。

**以下这两种情况需要授权给别人：**

- 如果你做这件事得到的收益大于授权给别人付出的报酬，你就应该授权。
- 别人做这件事的效率比你高，而你又有更重要的事情要做，你就应该授权。

这里的“别人”，甚至可以是AI和电子产品。

**如何正确授权？**

这是我的经验，分享给你。

- 明确告诉被授权人你想要的结果，结果证明越明确越好。
- 挑选一个正确的人进行授权。如何挑选呢？可以问自己3个问题：谁拥有匹配的能力？我是否相信他？这个人的意愿如何？
- 随时检查完成进度。授权并不代表不闻不问，虽然你把手脚交给了别人，但需要用自己的脑子来指挥方向，换句话说，你要学会监管，别让事情失控。
- 鼓励被授权者。定期给对方加油打气，良好的激励能促进对方更高效地完成任务。

**掌握授权的艺术，你才能腾出时间，专注于更重要的事情。**

# 010

## 别做没意义的争论，保护你的时间

你说豆腐脑是甜的，他说豆腐脑是咸的；你说结婚应该有彩礼，他说结婚不能有彩礼；你说先有鸡再有蛋，他说先有蛋才有鸡……于是你们吵了一上午。重要的是，你们还不在一个时空吵，还是在网上吵的。

你说一年有 12 个月，他说一年只有 9 个月；你说一年有 365 天，他说一年只有 270 多天；你说有白天和黑夜，他说他从没见过阳光；你说一年有四季，他说一年只有三季。**此时，你更应该做的不是和他继续争论下去，而是停止争论，因为你的时间很值钱。**

在互联网时代，你总能遇到一些奇怪的人，记住，别跟这些人吵。因为争论赢了你给人免费教学，不划算；输了，你感觉会特别难受，何必呢？

**永远不要去做没意义的争论，因为争论的基础是双方拥有足够的水平。**在万物相连的时代里，你总能遇到爱抬杠的人，而他的时间没你的时间值钱。

要知道“杠精”无处不在，他在自己擅长的领域里耕耘了很长时间，如果你和他进行情绪化争论，那么这种情绪也会影响你。

**智慧的做法是：避开无谓的争论。**

在《水浒传》第四回中，鲁智深喝醉之后大闹五台山，众人去方丈面前告状。方丈说：“自古天子尚且避醉汉，何况老僧乎？……这个且由他。”

这个方丈是真有智慧，他知道不和智商不高的人争论，就像莎士比亚说的：“在争论中，正义和真理也不一定永远能得到公平的裁判，黑了良心的人要招揽一些同样黑了良心的恶棍来做您的反面证人。”

争来争去，你身心俱疲，时间全部被浪费了。

**记住：你们是人类，但不是一类人。**

**你要明白，自己的时间更值钱，所以不要浪费你的时间去做教育他人的事情，更别把时间浪费在争论上。**

**下次再遇到没意义的争论，请你学会一句话：“你说得对。”**

这不仅是一种智慧，更是对时间的尊重。

# 011

## 迅速进入状态，掌控一天的效率

一日之计在于晨，半天之计在于午休之后。很多人在一天早起和午休之后会拿出手机刷一刷，然后一刷一个小时就过去了，一刷半天就过去了。我的建议是，工作和学习的开端很重要，请你迅速进入状态。

如何迅速进入状态？

**简单来说就是一句话：早起或者午休后，迅速坐在书桌或办公桌旁。**你不要想着玩一会儿、看一部电影后再进入状态，而是立刻开始工作，可以从最简单的任务入手，因为这样能让自己迅速切换到工作状态。

比如你背单词，可以先从复习昨天背过的单词开始。比如你开始今天的工作，可以先从昨天未完成的尾巴开始。我写作有一个习惯，就是每次写到高潮部分的时候停住，不继续往下写，因为方便第二天从这里开始写。

**提前设计，进入状态更高效：**

- 留一个任务尾巴：头一天完成任务的时候故意留一个尾巴，方便第二天继续。
- 预习和提前准备：学习时提前预习老师要讲的知识，在课间 10 分钟留出 5 分钟来看看下一堂课的课本。
- 清理干扰源：学习前把手机拿开，让桌面保持干净，没有让人分心的东西。
- 保持心情愉悦：创造一个良好的学习或工作环境。

如果头一天没有做好准备和提前设计，我还推荐村上春树提到的一种方法。

村上春树的方法是每天早上起来坐在电脑旁边，完全没准备就开始写文字，不管写什么，先写，不给自己设限。等到完全进入状态后，删除掉之前的 500 个字。这 500 个字就是让自己进入状态的“梯子”。

**进入状态的关键在于开始行动，而不是等待完美的时机。**

# 012

## 一天最重要的两个时刻：上午 10 点和晚上 8 点

有一个规律是看一个人现在怎么样，看上午 10 点他在做什么。

我的原则是：10 点前不见人、不碰电话、不联系别人，保持阅读和写作，因为这是我一天中精神状态最好的时刻。

还有一个规律是看一个人未来怎么样，看晚上 8 点他在做什么。

我的原则是：如果没有饭局，晚上 8 点关机，在家里读读书、看看电影、做做计划、思考一下未来。因为一天工作后，这段时间是属于自己最好的时刻。

为什么上午 10 点和晚上 8 点如此重要？

**其实对于人体来说，上午 10 点和晚上 8 点是两个效率巅峰时段，是一天状态最好的两个时段。**虽然人和人具体的效率时间点不一样，但这两个时间段决定了现在和未来。

**我建议将这两个时段用在战略性工作上。**

我建议你想想自己适合做什么事情，要完成什么有价值的工作，希望得到什么样的效果，未来想成为什么样的人。

有一本书叫《每天最重要的2小时》，作者做了大量的实验发现，脑力是波动的，会随着时间变化。我对书的内容做了一个总结：

- 早晨巅峰。早上刚起床时，人的精力最充沛，头脑的活性最大，大概能保持两个半小时的活力，到了10点左右达到巅峰。
- 午休恢复。中午吃过饭后，由于血液流向胃里消化食物，导致大脑缺氧，就会让人感觉昏昏欲睡。如果你能小睡十几二十分钟，精力又会恢复，能再保持两个半小时的高效工作。
- 晚上巅峰。晚餐消化得差不多，晚上8点左右迎来最后一个高峰。

把重要的事情放在这两个时间段，久而久之，你会和别人不一样。

# 013

## 分批作业，提升工作效率

分批作业和分割作业最先是计算机术语，是为了提高效率而提出来的概念。分批作业是把作业按照性质分组，然后提交给计算机系统，由计算机自动完成后再输出结果，从而减少作业建立和结束过程中的时间浪费。

**放在生活里也一样适用：把类似的工作和学习任务放在一起做，也能提高效率。**

明尼苏达的一位商业学教授在《为什么完成工作那么难？》（*Why Is It So Hard to Do My Work ?*）里提出一个概念，叫注意力残留。书中提到，多项工作频繁切换会降低工作效率。当人从任务 1 切换到任务 2 时，注意力无法完全转移，部分注意力会留在上一个任务里。因此，不要总是切换任务，要学会分批作业。

**这需要你做两件事：**

**一是列出今天要完成的作业。**

**二是把相似的任务进行分类。**

分批作业的好处是减少了中间切换任务的时间，集中处理同类事情能大幅度提高效率。

比如你今天有几个电话会，是否可以集中在一个时间段，每15 分钟一个？这样你不用频繁调整状态，只需疯狂输出即可。比如你有很多试卷要批阅，不要批阅一份就去接电话，这样效率太低，可以等集中批阅完毕，再进入下一个任务。我的建议是尽量把创造性、行政性的工作分开做。

学习也是一样。你可以把背诵的内容放在一起，如背单词、背句子、背真题等；把需要创造力的任务放在一起，如设计、做题、写作等；把同一学科的内容放在一起，如今天就只学政治，晚上只学英语。

# 014

## 能打车尽量不要开车，以节省宝贵的时间

不要小看这一条。如果你能坚持打车、坐地铁，你会发现能省下很多时间用来工作和学习。**因为打车或坐地铁时，腾出了双手，你可以做很多事，如发信息、回邮件、刷新闻甚至打电话。**这些都是开车时你无法做到的。

我大学毕业后买了一辆车，后来发现这辆车成了我的噩梦。先不说它是不是一个好的财务投资（当然不会是，从你买下来那一刻起，车就开始贬值了），每天我光在车上花的时间，能让我一天都抓狂。我算了算，每天最好的时间全部浪费在堵车上。前面的车挪一下，我才能挪一下；前面的车不动，我也只能打开收音机听广播。北京的交通，是你无法想象的拥堵。

一年下来，我发现不仅时间飞速溜走，自己的脾气也变差了。后来在一次路上崩溃后，我决定卖掉车。出门打车，只要上车，我就可以拿出手机，就算堵车，也能打开一本书悠闲地坐在车上阅读。

我省下了大量的时间，因为我把开车这件事外包给了别人。

多说一句，刚毕业时，很多人赚了点钱就买辆车，还有人贷款买车。我认为完全没必要。你算算养车的成本和每个月还的钱，再考虑一下自己的需求，以需求为中心，就明白了。在美国，大多数的学生其实是租赁一辆车，大学毕业后就还回去了，这样成本更低。

请想想，你真的需要一辆车吗？还是你觉得这是这一阶段的标配？又或者是因为别人买了，所以你不得不买？

**不要为了所谓的面子，做贬值和赔钱的买卖。**赔钱就算了，还要赔上时间，不划算啊。

# 015

## 连续工时，进入心流的关键

人最幸福的时候，就是产生心流的时候。我每天最幸福的时候，就是早起坐在书房里疯狂码字的时候。这时我的脑子里都会出现这 4 个字：连续工时。

我虽然累，但的确幸福。幸福的人只关注自己的热爱，不会觉得苦和累。那怎么才能进入心流状态呢？你需要面对任务，持续不断，不停止，直到完成任务。

前文已经说过要分批作业，分批作业完成后，你要做的就是进入心流状态，一鼓作气地完成今天的任务。这种一鼓作气很难，因为很多人都是工作半小时玩 10 分钟手机，然后发现这 10 分钟延长到了 1 小时。

我原来有个学习效率很高的学生，用 3 个月的时间考上了北京大学的法学院。后来我问她学习方法，请她分享给新同学，她说了一句话：“我每天一进自习室，就进入了状态，等放下书的时候，好几个小时就过去了。”

人的状态有好和不好的时候，我发现每次出去演讲，效果最差的往往是第一场，尤其是在我休息了很长时间之后。但一旦我进入了状态中，我的演讲就开始变好了。所以，我每次都跟主办方要求，看能不能一天给我安排两到三场演讲，虽然身体上更累，但演讲的效果更好。因为我进入工作的连续工时里，更容易找到状态。后来我的总结是长痛不如短痛，干脆一鼓作气结束算了。

请你在完成工作前跟我一起再一次默念：**“持续不断，不要停止，直到完成任务。”**

# 016

## 睁开眼睛想今天重要的三件事

在写专栏的时候，我是很兴奋的，因为每天能起得很早。原来没事的时候能睡到上午 10 点、11 点都没有负罪感，写专栏的时候睡到 8 点都感觉对不起自己。因为时间是自己的，谁也不能偷走。在早起很多天后，我养成了一个好习惯，就是醒来后不着急起来，先闭上眼睛冥想 10 分钟。在这 10 分钟里，我会让自己更关注自己，等到状态开始变好，然后我睁开眼睛问自己一个问题：“你今天最重要的三件事是什么？”

当然，写这本书是其中一件事。那另外两件呢？比如我今天下午要准备一场直播，晚上要见一个很重要的朋友。

我不知道你发现没有，我把这三件事分别放在上午、下午和晚上，并很明确地表示分别做什么。当然你不用像我一样是个工作狂，你完全可以上午去公司开一个重要的会，下午找时间偷偷去健身房跑一个步，晚上陪家人吃一顿饭。

请注意，不仅要在工作日想这三件事，更重要的是在周末的时候也要想，因为周末的大部分时间属于你，所以更容易被浪费。很多人睡一觉起来，一天就过去了，然后看着黑夜降临，陷入后悔和自责中。

其实避免这种自责也很简单。周末的时候你可以把睡觉也当成一件事，毕竟周末是补觉的时候。你的第一件事可以是：上午睡到 11 点。这样做后，你会发现一天下来也会很有成就感。

一个有目标的人，活得是清醒的；一个没有目标的人，一天、一个月、一年下来，总是浑浑噩噩的。但有趣的是，无论你怎么过，一天的时间都会过去。然而，那些每天完成三件事的人，一周就是 21 件事，一个月就是 80 件事，一年就是 1000 件事左右。

人和人的差距，就这么产生了。

# 017

## 别让电话耽误你的时间

新时代最占用时间的东西，就是你手上的这台智能手机。一位经济学家曾说，当有一天世间万物互联之后，人们就不用工作8个小时了，因为很多事情可以在家解决。这位经济学家说对了一半，的确很多事情可以在家解决，但工作时间却从8个小时变成了24个小时。因为自从有了手机，你要24个小时在线，甚至分不清你是在工作还是在生活。

电话太占用时间了，我经常拿着手机就过了一天。后来苹果手机有了统计功能，我发现我平均一天要在手机上花7个多小时。但我并没有抱怨，因为我同时意识到：只要有效控制手机使用时间，就能省下大部分时间。

为你分享几条我的小技巧：

- **只说要说的话。**跟任何人打电话，你别煲电话粥。你先有一个明确的主题，比如要说什么、有什么事情。至于想通过聊天提升感情，我认为大可不必。在成年人的世界里，两个人的感情升温不是靠时间堆积，而是靠一个共同目标。

- **长话短说。**当你决定要通电话时，想想能不能更快地达到目的，有没有捷径。我的方法是开头会说："不好意思，我直奔主题了，一会儿有个事……" 结束时，我会说："那我们先这样，有问题随时联系。"如果害怕忘记，可以再补一条微信把大意加进去。

- **能用文字沟通就不要打电话。**这样既可以节省对方的时间，也能节省你的时间。科技的进步能让人不同时占用相同的时间，为什么一定要和科技为敌?

- **一次回复多通电话。**如果一天有好几个会议必须通电话，你尽可能把它们放在一起，减少任务切换耽误的时间。

- **做好电话记录。**如果自己的手机没有总结功能，可以借助 AI，现在的飞书不仅可以帮你开会，还能总结会议重点。我就买了一款人工智能耳机，能帮我总结会议重点。开会时把耳机放在现场，我只需要在线听着就行。

- **记住，电话是为了人服务，而不是让它成为人类的主人。**不要让电话主导你的时间，因为它只是你的工具而已。

# 018

## 准时是一切成功者的标配

约一个人见面或者约一个会，你提前 15 分钟到场，效率会更高，尤其是重要的人和会谈。

这一条我是跟查理·芒格学的，这个故事来自《穷查理宝典》。查理·芒格的中国投资合伙人叫李录，也是给他这本书作序的人。

李录和查理·芒格认识的时候，十分年轻，而查理·芒格已经是一个快 80 岁的人了。按理说查理·芒格的精力和体力都大不如前，但他的处事逻辑太令人佩服了。

两个人经常约在早上 7 点半见面，也就是吃早餐的时候。第一次，李录是准时来的，结果发现查理·芒格已经把早餐吃完了，而且看完了当天的报纸，在等他。

李录当时感觉很不好意思，虽然没有迟到，但是毕竟让人家等了那么长时间，对方年纪还这么大。所以他下定决心下一次见面时要早点。

第二次见面，李录提早了 15 分钟，发现查理·芒格还是坐在那看报纸。第三次见面，李录提早了半个小时，走进去依然看到查理·芒格在看报纸。

第四次见面，李录干脆早到了一个小时，天还没亮，终于赶在了查理·芒格之前。

15 分钟后，查理·芒格拿着一摞报纸晃晃悠悠地坐下，自顾自地看报纸、吃早餐，没有任何多余的动作，看完报纸后才抬头看李录，开始今天的谈话。

我虽然不知道这个故事的真假，但随着我创业路上的经历增加，我发现越是大佬，越会在重要会面时提前。

我第一次见我的投资人张爱志时，他提前了 20 分钟到约定地点。他的理由是："从海淀到朝阳太堵了，我先早点来。"后来我们熟了，每一次和他见面他都是提前到的。有一次我问他为什么，他说："早点来做做功课。"

后来我也试着每次早到 15 分钟，看看环境，想想聊天的内容，效率果然更高了。这也让我有了准时靠谱的名声。

# 019

## 简化永远是更好的方法

我们可以把工作系统化、简单化，寻找更好的办法。

有一次我跟一个老师签合同，把他的条件提交给公司，结果一个星期了这份合同都没走完流程。后来我去问项目负责人，才知道要跨法务、财务等 6 个部门，中间过手的人有 11 个。我一下子蒙了。我弄明白流程后，当天就拿着合同到法务部盖了章，并在第二天开会时认真地说了这件事。现在签合同，我们只需要两个步骤、一个部门，一天就能解决问题。这就是工作的简化。

简单来说，工作越复杂，越容易出错。比如你要打个私人电话，大概率不会犯错，想说什么就说什么。但如果你委托秘书打电话，这事就容易出错。如果秘书也很忙，再委托第三方打电话，出错的可能性就更大了。

你可以按照以下方法来操作：

- **非常清楚自己的目标。**
- **列清单。**
- **删减。**
- **复盘。**
- **继续删减。**

我曾经把这个方法教给一位女孩子。一周后我问她有什么改变，她说她从此不涂指甲油了。我问她为什么，她说每次出门为了好看就要花一个小时涂指甲油，然后出门后还经常发现有东西没带。用这个方法开始简化生活后，她发现男生几乎不会注意她指甲的颜色，于是再也不涂了。

我还记得那天和她开玩笑说："女生涂指甲就跟男生练胸大肌一样，吸引的都是同性。"

后来我也把它总结成了一个简化生活的法则：**如果一个人把自己收拾到 90 分只需要 5 分钟，打扮到 95 分需要 1 个小时，那么让自己 90 分已经可以了。**因为你能多出 1 个小时来阅读、锻炼、社交和提高自己。

工作如此，生活亦然。

# 020

## 学会说“不”，尽早、经常运用

只要你学会了这个字，你的时间都能属于你。

来，现在就用，跟我一起学几个句式：

- “不好意思，不太方便。”
- “不了，谢谢。”
- “不行，我没空，抱歉。”

发现了吗？说“不”也可以很礼貌，也可以不得罪人。我还有一个万能说“不”的方法，叫作“时间换空间”。

“我真的很想帮你，但我这两天太忙了，等我忙完呗？”

表面上答应，却不给确定时间，聪明的人一般就知道什么意思了。

你可能会问，如果我总是说“不”，万一别人不喜欢我了怎么办？我要告诉你，别人喜欢你的原因并不是因为你多么讨好、多么没底线地答应他们。**别人喜欢你的原因是你值得被尊重，你有一技之长，你能力出众，你优秀。**

换句话说：你值得。

你要先学会尊重自己的时间，别人才能尊重你的时间。贵人不可贱用，你先别贱用你的时间，从说“不”开始。

巴菲特曾经告诉他的私人飞行员一个找到优先级事物的方法：列出自己要做的25件事，选出前5个，剩下的20件事情，无论如何都不要去碰。这也是一种说“不”的方法：给生活做减法。

年轻的时候，什么都想要，什么场合都想去，什么局都想参加，什么人都想见。长大后会发现，**学会断舍离，明白自己的局限性，知道自己什么不行，知道自己跟谁不能相处，知道自己到不了哪，其实是大智慧。**

因为你心无旁骛，可以专注自己真正喜欢的事情了。

# 021

## 无论任何情况，家人第一

人一忙起来，最容易忽视的就是家人。那些富豪在临死前最喜欢说的一句话就是，没有花时间陪家人。为什么要等到临终前才想起这句话呢？为什么不能现在就陪陪家人呢？

我知道你想说什么：我忙。你之所以忙，是因为你不知道时间管理的第一条——以目标为核心：**管理目标，不要管理时间。**如果你记得这一条，你一定能有陪家人的时间。

我为什么说家人第一，是因为家人就是你的后盾，是你拼搏的理由，是你努力的意义。如果没有了家人，你骨子里的温暖和期待就没了。如果你看过那些黑帮片，你会发现那些老大就算没有父母，也把兄弟当成家人，因为有了家人，一切才有意义。

大城市的节奏太快，人们容易迷茫。有多少人忙到后来才发现忘记了家人，等到想起来时，已经追悔莫及了。

定期去看看家人，打打电话，陪爸妈一起出去玩。当然，我说的以家人为核心并不是让你守在他们身边啃老，而是要出去奋斗。很多人说：“父母在，不远游。”其实后面还有一句话：“游必有方”，意思是出游前告诉父母你去哪儿就好了。

**我有一个管理时间的方法，叫每周一次 Family Time（家庭时间）。**比如每周四或者每周五晚上下班坚决不给自己安排应酬，周六或周日关掉手机陪家人。写一个“家规”贴在家里，其中一条就是每周至少有一天的陪伴。家人和朋友一样，不花时间陪伴，关系就会淡了。

# 022

## 关注不同事情之间的停顿点

我们的生活每天都是按照一定的程序在启动，比如早上起床穿衣、洗脸刷牙、上班，这些都是生活程序；到了公司后，又被一系列工作程序带着跑，事情一件接一件，一天下来忙得焦头烂额。

**聪明的时间管理者会关注事情之间的停顿点**。

完成一件大事或者艰难任务后，可以在任务之间增加停顿点，这些停顿点能提升下一件事的效率。我们小时候上课，每40分钟就要休息10分钟。这10分钟如果你还坐在课桌前，第二节课的学习效率会很低；但如果你出了教室门，甚至去楼下打一会儿篮球（虽然老师不一定允许），你再次回到课堂上，学习的效率会更高。

**这个办法叫关注停顿点。**

我每次录制课程的时候都非常集中，1个小时后，我一定会让摄影师等我10分钟。我会跑到公司楼下买杯咖啡或者点个小吃，再跑上来继续录制。这个小小的动作，让我接下来的效率提高很多。

另外，我发现一个特点：**在停顿点思绪跑得越远，接下来的效率越高。**如果没办法跑得特别远，也可以利用 5 ～ 10 分钟的零碎时间，散步或伸展一下身体，像超人或惊奇队长那样摆个自信的姿势，拉伸身体，或者让思绪跑到完全无关的事情上。

其实，不只是事情和事情之间需要停顿点，你是否发现，当你工作了一段时间后，如果有几天的休假模式，比如一次出门旅行，回来后的状态会更好？但如果休假几天你还是在家打游戏，回到公司时你会感到无比疲惫，因为你没有好好利用停顿点。

# 023

## 减少无效社交

在我创业初期，我发现社交是最浪费时间的事情。尤其是两个人有点资源，却坐在那里喝茶，普洱茶都喝了两吨，啥事也没干成。这就是无效社交。

成年人世界里有两条准则：

- **等价交换，才能有等价感情。**
- **没有目的，别见面。**

**首先，先让自己变强，你才能有好的资源。**你什么都不是，别人凭什么和你社交？你加别人一个微信，其实只是点赞之交，更准确地说是你给别人点赞。这不是浪费时间吗？还不如先让自己在某处强大起来，积累资本。

**其次，如果要和别人见面或开会，最好提前说明目的**。比如我们今天的会议议题是什么，或者今天想见您是因为有某件事。

不要到别人办公室里一坐，就开始吹嘘自己过去多么牛，未来会多么好。我发现越是厉害的人，越喜欢说一句话："那就这样吧。”这句话的意思是：行了，我的时间很值钱。

到了创业中期，业务模式成熟后，我几乎不怎么社交了。我讨厌那种喝一下午茶、吃一晚上饭的状态，不仅效率低，最重要的是结束后你会感到空虚。

**最后，还有一点：你不想见的人，千万别见。**因为见面三分情，有些面见了一两个小时就过去了，还不如打一通电话。什么时候见呢？等到你调整好自己，觉得不得不见或者见他有意义的时候。

**另外，警惕那些消耗你时间的人：**

- 总是深夜打电话诉苦，一聊就是一个小时。
- 一聊天就抱怨谁不好、谁垃圾。
- 和你在一起只索取，从不付出。

赶紧远离他们。

社交的本质是旗鼓相当、等价交换。

警惕浪费你时间的人。比你强太多和弱太多的人，都会浪费你的时间。**时间总会被浪费的，无论你做什么，但是，把时间浪费在美好的事物和人身上，才值得。**

# 024

## 番茄工作法

番茄工作法我想每个人都听过，一句话总结：列出每天的工作任务，分解成一个个 25 分钟的任务，然后逐个执行完成。每一个 25 分钟，就是一个番茄钟。

这个方法对时间管理糟糕的小伙伴来说，绝对是福音。

我把这个方法拆成了三个部分，跟你分享。

### 准备

拿出两张纸，第一张纸的内容就是和我们传统的任务列表一样，列出所有想要完成的任务，另一张纸是专门写今天要完成的任务。

第二张纸的目的是找到今天重要的任务，让你专注当下。

接下来你需要看看这些任务需要几个番茄钟才能完成。番茄钟的第一个好处是，如果你有一个大任务要完成时，你可能会拖延，但是当你把大任务拆解成几个 25 分钟的小任务时，你的压力会小很多，更容易专注于这 25 分钟。第二个好处是你会对时间更敏感。当你长期使用番茄钟时，你会对 25 分钟特别敏感。

### 执行

执行分成两个部分：第一是专注工作，第二是休息。

专注时，把 25 分钟用好，尽量不要被任何外部因素和内部因素打断，进入心流状态。每完成一个番茄钟后，要休息一下，以保证大脑有足够的精力继续后续的任务。一个番茄钟后，休息 5 分钟是理想的安排。

### 复盘

当我们一天完成了这些番茄钟任务后，可以找个安静的地方复盘总结。回顾一天的任务与早晨预估的情况有什么不同？你预估了多少个番茄钟，实际花了多少个？为什么会出现差异？你还能怎么做得更好？

最后给大家介绍一款 App：番茄 To Do，你可以直接使用。

# 025

## 减少工作的切换

之前讲过分批作业，现在我们再延伸一下。这背后的逻辑其实就是减少工作的切换。

大量研究表明，影响我们有效利用时间的关键之一就是切换状态的时间。

我们的脑子在一件事情和另一件事情间切换时需要时间，这些时间不可避免地被浪费了。因为进入深度工作需要状态，而进入状态也需要时间。

比如你在电脑上处理公司的文件，感到有点累，打算刷一会儿朋友圈。你可能工作了 1 个小时只刷了 10 分钟的帖子，但是回到工作时，你还得花 15 分钟重新进入状态。这样一算，你用 10 分钟休息时间再加上 15 分钟进入状态的时间，实际上浪费了 25 分钟。

因此，把相同或者类似的事情放在一起做，可以大幅提升效率。

**方法分享给你：**

- 开始之前先列下今天要做的事。
- 拆分复杂任务，组合相似任务。
- 用番茄工作法，每次只做一件事。
- 完成任务后，先充分休息，再转换到另一件事上。

# 026

## 新起点效应，赋予自己重新出发的力量

大家会发现，人是一个很有趣的物种，总喜欢在特定的时间许下自己的愿望。而这个时间，往往是1月1日。

根据研究，“节食”这个关键词的搜索量总是在1月1日这天飙升，比平常多出80%左右。这也许没什么奇怪的。然而，另一个有趣的细节是，在每个月和每周的第一天，关于节食的搜索量也呈现激增状态。在每个法定假日后的第一天，“节食”的搜索量甚至也攀升了10%。

在新的一周、一月和一年的开始，健身房的人数都比平时有所增加。这些时间是不是有什么魔力呢？其实并没有。**这些时间和其他时间没有本质区别，只不过人们有了新的起点。**

《时机管理》一书里把这种现象称为“新起点效应”（Fresh Start Effect）。

当一件事情有了新的期待时，这件事情便会给人赋予更多的能量。

但问题来了，我们总是很难完成新年愿望，比如你 2020 年的新年愿望到现在可能已经忘得差不多了。研究表明，到了每年 2 月，只有 64% 的新年愿望仍在继续，越往后越惨。

所以作者建议，我们要**构建属于自己的新起点。**来看一看有哪些节点可以成为你的动力源：

- 每月的第一天（12 天）。
- 星期一（52 天）。
- 春、夏、秋、冬四个季节开始的第一天（4 天）。
- 国庆日（1 天）。
- 重要的宗教节日（1 天）。
- 你的生日（1 天）。
- 某位亲人的生日（1 天）。
- 开学第一天（2 天）。
- 新工作的第一天（1 天）。
- 毕业后的第一天（1 天）。
- 休假归来后的第一天（1 天）。
- 结婚纪念日、第一次约会纪念日或离婚纪念日（3 天）。
- 开始参加工作纪念日，成年礼纪念日，领养宠物纪念日，大学毕业纪念日（4 天）。
- 你完成一本书的那天（1 天）。

总之，找到一个新的起点，把它作为动力源，不断推着自己前行。

# 027

## 把专注力与创造力分开，才能真正高效

人的大脑分为左脑和右脑，总的来说，左脑负责理性，比如推理、数学、逻辑、语言；右脑负责感性，主要负责图画、音乐、韵律、想象和创意。**而左右脑不能同时高效运作。**

你会发现，创造力高的孩子，专注力往往不太好，他们总是好动、好奇、容易分神；反之，太过于专注的人，创造力通常也比较有限。据资料显示，像爱因斯坦、莫扎特这样具有非凡创造力的人都曾表现出注意力涣散的倾向，但他们能利用这些爱做白日梦的特点，创作出伟大的作品。

很多伟大的创造者（科学家、作家、艺术家）家里常常乱七八糟，因为他们没办法把精力放在整理房间上。同理，那些一丝不苟、事事专注的人，也很难有打破常规的创新。

但我确实见过一个人，他既有创造力，又做事十分专注——那就是我，哈哈哈哈。

说正经的，当我了解到专注力和创造力不能同时运用时，我

在时间管理上做了一个重要的调整。

**把需要专注力的任务放在上午，把需要创造力的任务放在下午。**

这个简单的调整，让我的效率提高了很多。

也提醒一下家长们，如果发现孩子的注意力有问题，不要过于担心。**分心并不都是坏事，它是带给我们创造力的基本机制。**

# 028

## 重要和紧急的事情，学会掌控生活节奏

根据《高效能人士的七个习惯》这本书，你要做的事情可以分成以下 4 类：

- 重要且紧急。
- 重要但不紧急。
- 不重要但紧急。
- 不重要也不紧急。

你要做的这件事属于哪一类？

你可以思考一个问题：你大多数时间是怎么度过的？将过去一周或下一周要做的事情分成四个象限——紧急重要、紧急不重要、重要不紧急、不重要不紧急，把你所有的事情都填进去。

记住一句话：**优先做重要的事情。**

如果你过分关注不重要但紧急的事情，它的范围会越来越大，最终占据你所有的时间和精力。就像冲浪一样，遇到一个大浪，你从冲浪板上摔进水里，刚爬上去，下一波浪又来了。

仔细观察身边有多少人是这样的：每天都在应对各种紧急的事情，却忘记了真正重要的事情。

但如果你每天开始做重要的事情，你的生命中“紧急的事情”会越来越少。

那些花时间在紧急但不重要的事情上的人，会变得急功近利，被危机牵着鼻子走，最终人际关系浅薄甚至破裂，自己也会焦虑万分。

我身边有不少人都是这样，总是做紧急的事，不做重要的事，结果生活变得一塌糊涂，感情和家庭也崩溃了。

**对于这种情况，我只有一句话送给你：勇敢说“不”。**有时候在紧急事情上说不，可能得罪一些人，但你会有时间去做重要的事。过一段时间，你会发现所谓的“紧急事情”并没有那么紧急。

比如，那条热搜真的那么重要吗？那条信息真的需要立刻回复吗？那个会议真的必须马上开吗？

像读书、跑步这些看起来不紧急但重要的事情，反而能帮助我们更好地成长，所以一定要把重要的事情提到前面。

# 029

## 控制饮食，让大脑更高效

当英语老师的那些年，我发现了一个背单词的高效秘诀。很多人以为是早上、中午或晚上效率更高，**其实真正的高效时间是保持饥饿感的时候。**

只要有饥饿感，人就能保持大脑的高效运转。后来我认识了一位神经学家，他告诉我，这是真的。因为人一旦吃饱了，血液会流向胃部消化食物，此时大脑供血不足，人也容易犯困。但当你吃半饱或者稍微有些饥饿感时，大脑会更活跃，因为从生理角度来说，饥饿时大脑会思考下一顿该怎么办。

吃饭是一门学问，吃好了，时间就是你的；吃不好，你只能在梦里度过。

所以怎么办？我给你三条建议。

### 最多吃八分饱

当你感觉快吃饱时，停下来，感受一下胃的反应，而不是满足口腹之欲。虽然大快朵颐很爽，但一旦无意识地吃撑了，脑子也会“罢工”。所以，吃慢一点，一口饭多嚼几下，给胃留出足够的反应时间。

### 少吃多餐

一次吃个半饱，每天多吃几次。我一般会在包里准备一些坚果和牛肉干，只要感到饿了，就放一点到嘴里慢慢嚼。这能减少饥饿感，正式吃饭时就不会突然暴饮暴食了。

### 少吃碳水化合物

尽量减少甜点、面包、薯条等高碳水食物的摄入。碳水会迅速转化成糖，虽然短时间内能让人开心，但效果非常短暂。如果你只想维持 15 分钟的高效注意力，碳水可以派上用场，但长期来看，这种做法并不利于效率的提升。

日本有一种有趣的饮食方法，叫 EVF（Eating Vegetable First），即先吃蔬菜，再吃肉，然后喝汤，最后吃碳水化合物。你会发现吃到最后，基本上就没胃口再吃碳水化合物了。我上次跟几个广东人聊天，问广东人为什么不容易胖？他们也不知道是不是开玩笑的，说，我们先喝汤……

掌握这几条饮食策略，你的时间效率和大脑状态都会得到大幅提升。

# 030

## 运动和时间的关系，让身体为大脑助力

我们都知道运动对效率有很大的影响，也可能有过这样的体验：跑了一会儿步，突然发现脑子变得清晰了。

但为什么很多人无法坚持运动？其实是因为我们对运动的期望值太高了。

一提到运动，很多人脑海中浮现的都是挥汗如雨的画面，比如举着哑铃、穿着战服跑斯巴达赛，或者穿着短裤跑马拉松，甚至戴着面罩征战沙漠等。

如果你的目标是减肥或者练肌肉，这种高强度的训练当然必要。但如果你只是想保持健康的身体状态、清晰的头脑，并在工作中表现得更好，其实轻量运动更适合你，如快走、骑车，甚至慢跑。

**锻炼的核心目的，是让自己开心、让自己健康。**

我给我的学生推荐过两个简单实用的方法，你也可以尝试。

- **去摸图书馆的墙。**每天早上即使不想去图书馆，也要先

从宿舍出来，设定第一个目标——慢跑到图书馆，摸一下墙。至于进不进去，自己决定。但只要你动起来，新的一天就会高效开始。

- **骑车去地铁。**现在的共享单车越来越普及，你可以在家门口或校门口扫一辆，骑到最近的地铁站。如果觉得还能坚持，就多骑一站。

这些轻量的运动做起来不会太累，结束时身体会微微发热，会让你感到舒适愉快。

- **如果你说没时间运动，那你可能是搞错了。**与其状态糟糕地在桌子前“硬熬”，不如花半个小时去运动一下。你会发现，运动后再回到桌子前，效率提升得非常明显。

我自己也是这样，只要写不下去了，我就去楼下快走 1 个小时，一边走一边打电话。再回到书桌前，脑子会变得非常清醒，效率也提升了很多。

轻量运动非常重要，它能让你的身体状态达到最佳，同时不会与大脑争抢能量。这种运动方式，能够帮助你进入高效的工作状态。

# 031

# 关注环境对状态的影响，让环境为你服务

环境对我们的状态和效率影响巨大。就像你白天在家写作和深夜写作，听到的东西会有很大的不同。白天即使一个人也不说话，还是会有白噪音干扰你。这是因为环境无时无刻不在地影响着我们。

如果一个人长期住在马路边，状态很难不受影响。这也是为什么马路边的房子通常价格较低。

**环境的影响因素主要有两种：噪音和光线。**

## 噪音的影响

在有噪音的环境下，一个人很难保持注意力集中。噪音通常是那些意外出现、突然打断你思路的声音，比如：

- 一列火车突然经过。
- 同事在你身边低声聊天。

- 电话铃声。
- 室友玩游戏时的键盘敲击声。
- 某样物品被突然打翻的声音。

这些噪音会瞬间占据你的注意力，分散你的精力。

如何避免噪音影响？

如果你要做创造性的工作，最好的方法就是找个安静的地方待着。别试图用意志力对抗噪音，因为注意力天生会对意外声音做出反应。如果不做反应，我们早在人类演化中就被捕食者吃掉了。所以，对抗是没有用的。

**找个安静的地方，把一天中最重要的事情做完。**

## 光线的影响

光线对大脑的工作效率有显著的影响。

### ❶ 蓝白光：唤醒你的活力

在蓝白光的照射下，人会变得更有活力，逻辑分析能力和思维的敏捷度会大幅提升。蓝白光是天气晴朗时天空的颜色。我们的身体遇到这种光就会自然苏醒，这就是人为什么在阳光下很难入睡的原因之一。

**如何利用蓝白光提高工作效率？**

- 如果早上起床困难，不妨提前拉开窗帘，让自然光叫醒你。
- 在工作场所，可以挂一个蓝色窗帘，或者把电脑的桌面背景设置成蓝色。

- 找一些蓝色海报或装饰品，也能帮你保持清醒。

### ❷ 昏暗灯光：激发你的创造力

昏暗的灯光能让人放松、无拘无束，这正是创造力得以迸发的原因。这就是为什么很多作家和艺术家总喜欢在深夜工作的原因之一。

**如何利用昏暗灯光提升创造力?**

- 如果需要进行创造性的工作，可以调暗灯光，或者找一个昏暗的角落。
- 在夜晚或傍晚时，适当利用柔和的灯光，也能帮助激发灵感。

## 环境调整策略

大多数时候，我们无法彻底改变周围的环境，但我们可以调整一些关键要素，让环境为我们服务。

- 使用耳塞或降噪耳机，屏蔽意外噪音。
- 根据任务需求调整光线：蓝白光用于逻辑分析，昏暗灯光用于创造性任务。
- 在重要的工作时间段，尽量减少干扰，如关掉手机通知。

**请记住：你是环境的产物。**

如果不能改变环境，就会被环境影响；但如果你能调整一些因素，让环境为我们服务，你的工作状态和效率会得到显著提升。就像我在飞机上写着这些文字，效率就很高，但上一次在飞机上时，我几乎一个字都没写，为什么呢？因为上个飞机上有WiFi……

像声音和光线这些因素，往往是被我们忽视但影响深远的关键因素。善用这些因素，让你的环境成为提升效率的助推器。

# 032

## 技能领域无速成，坚持才能惊艳所有人

我曾经写过一篇文章《用一年的时间，成为一个牛人》。一开始没人信，后来随着越来越多的人开始使用我这篇文章中提到的方法，很多人在一年时间里都磨炼出了新的技能。

**方法很简单：第一，选一个技能；第二，用一年的时间坚持下去。**

我自己这些年受益匪浅，比如我学英语的时候，用一年的时间背下了新概念四册，过了四六级，还参加了英语演讲比赛，拿了北京市冠军、全国季军。要知道，在此之前，我甚至没出过国。

后来，我学写作，每天坚持写作，一年时间让我打下了基础，十多年来一直坚持至今。同样，我最近学习 AI，每天用 ChatGPT（聊天机器人）、DeepSeek（AI 互动软件）、Sora（从文本到视频的 AI 工具）和 Midjourney（AI 图像生成工具），每天学习一个小目标，坚持下来好处无穷。

**我一直相信那句老话：命好不如习惯好。**

在磨炼技能这件事上，别总是依赖多巴胺的驱动，我更欣赏曾国藩的六字箴言：“结硬寨，打呆仗。”技能的磨炼没有捷径，只有每日疯狂练习，时间管理法则在这里反而不是核心。

**好消息是：强迫自己坚持一个时间段做一件事，痛苦感通常只维持 7 天左右。**7 天之后，你并不是完全不痛苦了，而是逐渐习惯了。许多技能根本不需要一年，几个月的高强度训练就足够让你脱胎换骨。

比如我有个朋友在家练习吉他 3 个月，后来在朋友的生日会上弹了一首曲子，所有人都为他欢呼，他还顺便找到了一个女朋友！

**默默努力，设立目标，坚持一段时间，然后惊艳所有人。**

# 033

## 看说明书，事半功倍的秘密武器

第一次买苹果电脑时，我有 3 天没有联网开机，因为我在干一件事：看说明书。直到今天，我的苹果电脑里有好几个 ID，还能熟练科学地上网，比许多人都更熟悉其使用逻辑。

我后来发现，这个简单的习惯，许多人都没有。大多数人拿到新设备，第一时间就是自己摸索，甚至在犯错后才会想起去找答案。

**如果你了解产品研发过程，你就会明白，好的产品经理为什么要写产品说明书。**不是为了多此一举，而是为了帮助用户更好地使用、节省时间。

我在看书时也是一样。

- 先看序、简介、导读。
- 了解书的大致内容。
- 再进入正文阅读。

很多人问我为什么看名著小说能那么快看完？答案就在于

此：我已经通过各种解析资料了解了核心内容，所以我能带着背景知识高效阅读。

**多花时间研究说明书，就是我们小时候学到的那句智慧：磨刀不误砍柴工。**

无论是学习新设备、使用软件，还是阅读一本书，都要先“磨亮砍刀”，才能高效“砍柴”。

有时候，当你看到说明书里那些看似不起眼的小技巧，比如一个快捷键、一个隐藏功能，都能为你节省大量时间。长期来看，说明书并不是浪费时间的负担，而是你事半功倍的捷径。

所以，下次拿到新设备、软件或者书籍时，别急着动手操作，先静下心来看看说明书，你会发现很多以前不知道的高效方法。

# 034

## 预演未来，提前布局，赢在关键时刻

超级英雄电影里，我最佩服的就是那些能够穿越未来的角色。他们能到未来知道发生了什么，然后更好地回到现在做出布局。

**我们虽然不能准确地预测未来，但我们可以预演未来，为自己争取更多的主动权。**

这种好习惯讲究两个关键：

- **对未来的洞察。**
- **对事情的细化。**

比如你去体检时，看到体检单上有 10 个项目。你可以预估每个项目大概需要 5 分钟，那么整个体检大约需要 1 小时。这样你心里有数，就能合理安排接下来的时间。

再比如，领导找你谈话，你可以提前找同事了解相关情况，推测出谈话的可能时长和内容，从而更好地安排下一个任务。

**遇到可能拖延的对话或会议时，可以预设退出策略：**

- 在重要会议开始前，先向领导或组织者说明：“我一会儿有个重要体检，需要准时离开。”
- 如果是饭局，可以提前向组织者发信息：“今天不太能喝酒，还要提前离开，家里有重要事情。”这样即便你提前走，也不会引起不满。

如何在日常生活中预演未来？

- 逛街、刷抖音、打游戏时，给自己设定明确的时间限制，比如“今天放纵两个小时”或“这下午我随心所欲娱乐”。这样，即便沉迷其中，也不会一不小心浪费一整天的时间。
- 设定短期目标，并预估完成每个目标所需的时间。

**提前预演未来是让时间更有掌控感的关键策略。**无论你是计划小事还是大事，预演未来会让你变得更从容、有效。

# 035

## 记录时间开销，让时间花得更有价值

除了写计划，建议你也要尝试时间复盘，也就是记录你怎么使用时间的。

别小看这个动作，它可以帮你更好地回顾时间是如何被浪费的。

有一次，我记录了一整天的时间开销，结果发现自己在机场待了 9 个小时，却什么都没做。复盘后，我意识到虽然飞机晚点是不可控的，但我完全可以利用那段时间做点有价值的事，如写作或学习。

从那以后，每次我遇到飞机晚点，我都会找个安静的地方，打开电脑完成当天的任务。即使再遇到类似的延误，我的时间再也没被浪费。

**为什么我们会记录钱的花销，却忽视了时间的花费呢？**

**你可以尝试用以下方法来记录时间开销：**

- 不用每天记录，可以隔三岔五复盘一次。

- 记录下每件事所花费的时间，并标注其重要程度。
- 针对浪费时间的部分，制定改善策略。

还有一种方法，就是用柳比歇夫时间管理法来记录。

你或许听说过苏联昆虫学家柳比歇夫的事迹。他的时间感知力极强，即使不看表，也能准确地说出自己做每件事的时间。他的方法就是坚持记录“事件－时间日志”。

- 每天详细记录所做的事情和花费的时间。
- 时间记录要精确到分钟。
- 每天复盘，分析哪些时间浪费在哪些地方。

试着记录一天的时间开销，你会惊讶地发现，原来有这么多时间在无意中被浪费了。**记录时间并进行复盘，能够让你更好地管理自己的时间，逐步提升效率。**

# 036

## 上课提前预习，学习效率倍增

想要学习效率高，就要学会预习，让自己提前进入学习状态，才能更好地掌握老师讲的新的知识点。

上课前只要提前坐在教室里看两页书，学习新知识前一天只要了解课程大纲，考试之前只要通篇过一遍知识点，这些小习惯就能让你的学习效率翻倍。

**有孩子的家庭，家长一定要陪着孩子养成这个好习惯，这对他未来的工作、学习和生活都会有深远的影响。**

我和我姐姐每次上新课前，都会在一起预习，尤其是面对重要科目时，我们总是提前进入教室，让自己提前进入学习状态。

**如何高效预习？给你列一份清单：**

- **用一句话概括课纲。**明天（或接下来）这堂课要讲什么？试着用自己的语言复述一遍，这就是课程的大纲。

- **查找课外资料。**课本是基础，但课外资料能让你快速抓住重点。读完课本后，可以上网查阅相关信息或阅读额外的参考书。比如我在读名著时，一定会先查阅网络上的评论和梗概，这样能更快地融入内容。

- **带着问题上课。**预习后，给自己提出至少3个问题。比如我第一次学习微积分时，我问自己："它能帮我做投资吗？能用来预测天气吗？"带着这些实用性的问题上课，目标更明确。如果实在不知道该问什么，可以使用这个万能句式："学××能在生活中给我们带来什么？"

- **带着质疑和观点听课。**在预习阶段提出自己的观点，甚至是质疑，这会让你在课堂上更有针对性地吸收新知识。

# 037

## 假设自己参加自己的追悼会，会有哪些后悔没做的事情

我曾听过一个段子：一位老人得知自己患了癌症后，通知所有朋友来参加他的追悼会。当亲朋好友说完悼词后，他突然从棺材里“诈尸”出来，把所有人吓得不轻。别人问他为什么这样做，他说：“如果我死了，就听不到别人怎么评价我了，这太不划算了。我想在活着的时候听听大家怎么夸我。”

第一次听这个段子时，我就在想：如果我也办这样一个追悼会，朋友们会怎么评价我？后来想想还是算了，万一大家发现我没事，把我拉黑了怎么办？

**但更重要的是，假设我自己真的参加了自己的追悼会，我会后悔哪些事情没有做呢？**

**每个人都会离开这个世界。关键在于，有些人带着悔恨离开，而有些人离开却没有遗憾。**

你想成为哪一种人？

**思考以下问题：**

- 你希望别人如何评价你？
- 你希望留下什么？
- 有哪些事情如果不做，会让你后悔一辈子？

**时间管理的核心，不仅仅是规划时间，而是接受生命有限的现实。**

当你清楚自己想要什么，知道什么是不可错过的事情时，你就会有勇气去做那些重要的选择，而不是被琐碎的事情牵绊住。

所以，别等了，直接去做吧。勇敢一点，别拖延。如果你不迈出第一步，你永远不会看到自己期待的未来。

**看得见终局，才能看清现在。**

# 038

## 警惕手机上的小红点

不知道你是不是跟我一样，看见手机上的红色小红点，就情不自禁地点开。其实，手机上的小红点就是时间的黑洞，一不小心就能把你的时间全部吸走。

微信里的消息回复、朋友圈里的点赞、抖音上你所关注的人的更新、微博上的热搜，这些都是你受不了的“钩子”。但请允许我问你一句话：这些东西真的跟你的人生有多大关系吗？

所以，请你警惕手机上的小红点。给你几点建议：

- **用固定的时间刷手机。**安排固定的时间集中回复信息，刷完就不要继续刷了，因为它是个无底洞。我自己就曾陷进去，信息回完了，又顺手给别人点了几个赞，结果聊了半天，浪费了大量时间。

- **设置 App 免打扰模式。**手机里所有的 App 都应该设置免打扰模式。那些动不动就弹出来、通知你的消息，果断屏蔽。

- **开启免打扰模式。**我在一周内，总有几天会开启免打扰模式，任何人的电话都打不进来。没有意外，效率也会提高。

- **定期进行数字戒断。**试试不带手机，去郊区看看蓝天白云、青山绿水、夕阳日出和鸟语花香。无论多忙，一个月至少安排一次数字戒断，你会发现你的思路会变得异常清晰。

# 039

## 计算你的生存时间

我曾写过一句话："先度过生存期，再去谈梦想。"这句话被广泛传播，因为它说中了许多普通人的现状。

如果你还在打工，仍需要出卖时间谋生，那么我的建议是：先活下来，再谈梦想。

### 什么是生存时间？

生存时间是指你每天必须花费在工作、维持基本生计上的时间，它是为了"活下去"而付出的基本代价。它包含了你的主要工作时间、通勤时间，甚至有时还包括为了维持生计而不得不参与的一些应酬和额外任务。

当一个人处于生存阶段时，他的时间更多被用来满足最基础的生存需求，无法自由支配。这段时间越长，你的自由度越低。因此，减少生存时间是许多人追求财务自由的关键目标之一。

### 如何看待自己的生存时间？

- 算一算你每周工作多少小时，然后平摊到每天，看你每天要花多长时间去“生存”。这段时间就是你的生存时间。

- 别抱怨。每个没有背景或家境普通的人，都要经历这一阶段，先出卖时间换取生存条件，逐步让时间更值钱。人会进步，进步的标志就是你发现生存时间逐渐减少。

**什么是财务自由？**

财务自由并不是有多少钱，而是你再也不需要出卖自己的时间去实现别人的梦想。

**关于工资，你需要知道的秘密：**决定你工资的，并不是年薪或月薪，而是你的时薪。算一算，你现在1个小时能赚多少钱？

人的进步也体现在这一点上——你每小时的价值是逐渐提升还是在逐渐贬值？

**如何减少生存时间并提高生活质量？**

- ✦ 不断提升技能，让自己在工作中更有竞争力，从而提高时薪。
- ✦ 学会投资自己的知识、健康和人脉，让未来拥有更多选择。
- ✦ 优化日常工作流程，减少低效劳动，逐渐转向高价值的任务。

计算你的时薪，明确你的生存时间，才能更有目标地奋斗，让梦想成为现实。

# 040

## 热爱让你进入心流，心流让你征服世界

一个人如果想要幸福，就一定要每天产生心流。

我很幸运自己从事的是写作工作，因为写作的过程中最容易产生心流。后来我才知道，只要你从事的事情是你所热爱的，就能产生心流，这种心流是幸福的源泉。

**产生心流有三个方法：**

- 第一，做热爱的工作。
- 第二，主动寻找喜欢的休闲方式。
- 第三，和喜欢的人（家人、朋友、爱人）相聚。

《心流》的作者米哈里·契克森米哈赖说，当出现清晰的目标、及时反馈、挑战与能力相匹配时，心流就会出现。当目标明确时，你知道自己要做什么；当任务难度与能力平衡时，你会感到既有挑战又有信心；而及时的反馈则会激励你不断前进。这三者共同作用，推动你进入心流状态。

米哈里还提到，当一个人在热爱的事情里耕耘时，整个世界

都会帮你。这句话看似简单，却蕴含着深刻的哲理：因为你专注、热爱，并全心投入，你会吸引更多的资源、灵感和机会。心流不仅仅是一种高效的工作状态，更是一个人内心幸福的源泉。

我读过化学家门捷列夫的传记，他在建立元素周期表的时候，有些元素还没被发现，但他在热爱的研究中找到了力量。在如此困难和压力之下，他的坚持值得我们深思。有一天，他实在熬不住了，终于睡着了，但梦中他还在想着元素周期表的排列问题。

突然间，他梦见了一个正确的排列方法，惊醒之后立刻起床，把梦见的元素周期表写了下来，稍作改动后就成了今天广泛使用的化学元素周期表。

你是否发现，当心流产生时，即使晚上睡着了，脑子仍在运转。这种现象其实就是我们常说的吸引力法则：当你真正渴望一件事时，感觉全世界都会来帮你。

如果我们长时间保持专注，心流会让整个大脑高度兴奋，从而大幅提高解决问题的效率。因此，**想要高效并幸福地度过一天，每天都必须留有足够的心流时间，这是成事的重点。**

# 041

## 要有娱乐的时间

我的时间管理这门课虽然是在告诉大家怎么管理时间，但千万不要把自己的安排满到没有开心的时间。如果没有开心的时间，你省下的时间又有什么意义呢？

**无论多大，人都应该有个爱好，什么爱好都行。因为人有了爱好，就有了生活下来的理由。**这些爱好，就是浪费时间的东西，至于是什么，每个人都不一样，但一定要有。于谦的爱好据说是吃饭、喝酒、烫头，听上去像个段子，但我真的见过一个女生，她的爱好就是烫头。她说，每次烫头的时候都能放空一下午，这一下午她什么也不用想，等到发型变了，她觉得自己又可以开始新的一段旅程了。

再举一个好玩的例子。有位朋友的爱好是收集火车票。每次只要有空，他就会坐上火车去任何一个还没去过的城市。他并不一定非要下车游玩，关键是享受坐在火车上、听着轨道声响的那种放松和沉浸感。他说，那一刻，世界变得安静而开阔，灵感和想法也随之奔涌而来。

我曾经做过一个演讲叫《给生命留的彩蛋》，在网上被传播得很广。这灵感来自我写不动时的一个习惯：一个人坐地铁，从一站坐到终点再坐回起点，运气好有座，运气不好就站几站。看着形形色色的人，我的脑子里漫天飞舞着文字和故事。每次这种漫无目的的旅行，都能让我有更多的灵感和想法。

所以，要有爱好。我时常看到湖边钓鱼的大爷，会想起第一次见到他们时的感觉——觉得他们太浪费时间了。直到后来，我备这门课时才意识到，一个人有一个可以浪费一辈子时间的爱好，这是多么美好的事情。无论是什么爱好，都请你留出一些时间，让它扎根生长。

约翰·列侬曾说过这么一句话："所有你乐于挥霍的时间，都不能算作浪费。"

# 042

## 每周花 1 小时做理财

你知道你为什么越来越穷吗？因为你从来不理财。不仅不理财，还赚多少花多少，没有规划，不知道怎么开源节流。结果是赚多少钱都要消耗掉，一不小心就负债了，负债了还不知道悔改，还继续拆东墙补西墙，把自己往谷底拉。等到有一天你缓过来时，才发现你唯一要做的就是两个字：记账！

这段话并不是我在批评你，这是我爸曾经批评我的原话。

那段时间，我感觉无论怎么赚钱都赶不上花钱的速度，很多消费完全没必要，也不知为何就花出去了。后来在一位财商教练的帮助下，我很快走出了困境。她教会我的方法就是这句话：每周花 1 小时做理财。

每周拿出固定的时间，看看支付宝、微信的花费和收入，算一算信用卡的支出。1 个小时，你的生活就能发生巨大的变化。还有一条很重要的提醒：很多大的互联网平台都开启了金融和借贷功能，每一家公司的利率都不一样，但借钱特别方便。一不留神，你就可能欠下一笔债务，等到还款时才发现要多还好多。

我自己就有过好几次这样的经历。后来，我学会了警惕那些“流氓”软件。

这里给大家推荐两本书：第一本是博多·舍费尔的《财务自由之路》。书中通过讲述一个失业的中年人如何通过逐步学习投资、管理收入和储蓄来实现财务自由的过程，强调了理财规划的重要性以及行动的力量。

第二本是他写给孩子的理财书《小狗钱钱》。故事以一个小女孩吉娅和一只会说话的小狗钱钱为主线，讲述如何通过简单的理财概念和习惯养成，让孩子学会攒钱、投资和设定目标。这本书不仅适合孩子，也适合财商基础薄弱的成年人，它能够以一种轻松愉快的方式引导你思考财富管理。

每周花 1 小时做理财，是为了以后让财富主动来理你。

# 043

## 每天坚持，是你送给未来自己的礼物

你可以什么都不信，但不要不相信坚持一件事并坚持一年多的力量。

比如你坚持跑 1 年的步，你的生活就能积极很多；你坚持读 1 年书，你的思维就能广阔起来；你坚持每天多工作 1 个小时，1 年后你的收入就会提高；你坚持每天多学 1 个小时，你就能比别人更快上岸。

同理，你每天多吃一顿垃圾食品，你的肠道细菌就会变得单一，身材也可能逐渐失控；你每天坚持抽烟、喝酒、熬夜，你得癌症的概率比别人更高；你每天坚持打游戏、刷短视频、看剧，你就可能让自己逐渐一事无成。

村上春树在《当我谈跑步时，我谈些什么》这本书中写道，他的目标就是确立能专心创作小说的稳定和谐生活。无论发生什么，他永远坚持两件事：写作和跑步。

他的时间安排是：每天保持 7 小时睡眠，晚上 9 点睡觉，凌晨4点起床。清晨5点开始写作，持续到上午10点结束，每天大约写4000字。可能一开始写的内容没什么用，但只有写得足够多，有用的部分才会越来越多。

他相信，坚持不一定让你立刻变强大，但总有一天，你会感谢那个每天都努力一点的自己。

每天坚持如此，让村上春树成了一位优秀的当代作家和跑者。

# 044

## 用 GTD 法则清空焦虑，掌控你的人生

这两讲，我来跟你分享一个时间管理的王牌法则——GTD：Getting Things Done。

这个概念来自《搞定》这本书，是时间管理领域的经典著作。这本书强调，时间管理的本质目标不是单纯地安排日程，**而是管理内心焦虑和精神负担，帮助大脑保持轻松愉快的状态，从容应对繁重的工作**。

GTD 法则有 5 个简单的步骤：

- **收集**：把所有需要处理的事务、任务、想法统统记录下来，别让它们占据你的脑海。
- **理清**：对每件事进行梳理，明确任务的意义、优先级及相关措施。
- **整理**：把所有任务归类整理，形成一份清晰的行动清单。
- **回顾**：定期检查任务列表，确保进度和目标一致，及时

调整策略。

- **执行：** 全身心地投入到每项任务中，减少干扰，专注完成。

### 案例 1：用 GTD 法则做饭

假设朋友突然来拜访，你决定给他做顿饭，但厨房里乱成一团。你该怎么办？

- 收集：列出你需要的食材、调料和厨具，把这些资源全部收集到一起。
- 理清：哪些东西现在用不上？哪些食材需要马上清洗？整理好思路。
- 整理：把不需要的东西收回冰箱或柜子里，需要的东西摆在顺手的地方。
- 回顾：核对一下食谱，确保所有材料和工具都齐备。
- 执行：开始做饭，点火、起锅。

这个过程不仅能帮你做一顿好饭，也让你明白，**条理和执行是掌控生活的核心法则。**

### 案例 2：用 GTD 法则完成一个工作项目

你刚接到一项任务，要在两周内为客户提交一份方案报告。GTD 法则会帮你拆解这个复杂任务，减少焦虑感。

- 收集：先把所有相关资料、参考文献、客户需求、过往案例等信息统统收集起来，记录在任务管理工具上，如笔记本或 App。
- 理清：逐条梳理出任务中的小步骤，如市场调研、数据分析、撰写报告、审阅等，明确每步的目标和时间要求。
- 整理：根据优先级安排任务，制定每日的任务清单。例如，今天完成调研部分，明天分析数据，后天开始撰写初稿。
- 回顾：每天结束时，花 10 分钟回顾当天完成的进度，调整明天的任务，确保目标按计划推进。
- 执行：进入专注模式，每天专心做一件事，如上午专注调研，下午专注数据整理，避免因任务来回切换造成的低效。

这样一来，原本令人头疼的大任务被拆解成清晰的小步骤，一步步完成时，你会感到成就感满满。**GTD 法则的核心是，把杂乱的思绪化成可执行的行动，从而让你拥有掌控感和轻松感。**

**每一次整理，都是为了更好地向前推进。**

# 045

## 两分钟原则：立刻做的小事，节省你未来的大时间

我们继续讲述 GTD 法则，在 GTD 法则里，有一个概念叫“两分钟处理原则”。这是 GTD 法则中的核心应用之一，尤其适合拖延症患者。简单来说，如果一件事两分钟内可以完成，那就立刻做！立刻马上做！

为什么要这么做？因为像这样的任务如果不及时处理，往往会在你的大脑中占据“后台资源”，不仅让你分心、焦虑，还会降低你的整体工作效率。当你选择放到明天或某个不确定的时间再处理时，你需要重新回忆这件事的背景、任务需求，再进入状态时所花费的时间，远远超过两分钟。

因此，GTD 法则中的两分钟原则强调：**“能两分钟搞定的事，绝不拖延。”**

举个简单的例子，假设同事让你拉个群，回个简单的消息，或转发一个文档，只需要几秒钟到两分钟就能完成。正确的做法

是：**立刻马上去做。**不要想着稍后再处理，因为一旦你拖延，未来需要重新打开聊天记录、找邮件、检查文档时，会浪费数倍的时间。

两分钟原则的典型适用场景有：

- **回复简单的邮件。**收到一封简单的工作任务确认、会议时间通知或需要简单答复的邮件时，直接回复。不要积压到“以后再看”，也不要等到“批量处理”时再来翻找。

- **确认日程、会议信息。**当有人发来会议提醒或活动安排时，如“下午 3 点开会，你能参加吗？”不用犹豫，确认好日程，直接回复。如果需要更改，可以在短时间内及时调整，而不是等到临近时间时才慌乱地处理。

- **转发文件或简单整理小文档。**当同事需要某个文件，或需要你转发一份资料时，只需打开、选择并发送即可。两分钟足够，拖延只会让你未来花更多时间翻找文件夹，甚至让同事发出多次催促。

- **简单沟通任务或消息反馈。**工作中常有一些小问题，如“方案里第几条需要改动吗？”“这个表格是最终版本吗？”这些只需短短几句话就能答复的问题，不要拖延处理。

- **短期事务安排。**如预约一个会议室、检查今天的工作安排、跟同事约定下午开会时间等，这类任务通常只需要两分钟以内完成，越早安排妥当，越能避免未来的时间冲突。

最重要的是，这个原则是对抗拖延症的秘密武器。那些看似不起眼的小任务，很可能在你拖延几次后，演变成堆积如山的“待办事项清单”，让你焦虑甚至忘掉它们。而两分钟搞定的方法，就是切断这些小任务对你未来的干扰，让你轻装上阵，保持清晰的头脑。

立刻做的小事，能节省你未来更多的时间。

# 046

## 警惕大脑找理由：打败拖延症的关键是识别借口

我原来的一个学生在上完课后问我："龙哥，为什么每次上课我的心脏跳得很快？我去看了好几次医生，结果都是正常。"这让我想起自己上学时的经历。每次一上课，我总觉得特别饿，总要找点吃的。后来，这个坏习惯也延续到了工作中，每次写不下去时，我就会想到还有很多其他事情没有做，如和爸妈打电话，或者干脆打开电脑看一部电影，一天就这么过去了。

直到我后来学习了心理学的相关知识，才明白，**这其实是我们大脑的典型"找理由"机制。**我们的大脑天生不喜欢面对困难，一旦遇到不喜欢或需要大量精力的任务，它就会自动给自己找理由，如"我太累了""我需要休息""现在做不出什么好结果，明天再说吧"。这些理由听起来很合理，但实际上只是大脑在逃避。

大脑里有两个小人，一个代表理性，一个代表情感。每当你想努力工作时，情感小人就跳出来告诉你：“坚持不住了，去休息吧。”但是，一旦你战胜了情感大脑，强迫自己去完成任务，你会发现事情没有想象中那么困难，你甚至会产生一种“我真厉害”的感觉。

**战胜拖延的关键是什么？**

- 识别大脑的借口。当你意识到自己的大脑正在找借口时，立刻停下来，告诉自己这只是逃避。
- 用行动打破情感束缚。不要等待完美状态，而是直接开始，行动本身会带动情感。
- 正向反馈回路。每次战胜拖延后，给予自己肯定，“我可以做到”，让理性大脑逐步占上风。

那个曾经觉得上课心脏不舒服的学生，后来考上了北京电影学院的研究生。他说：“现在我的心脏一点都不难受了。”其实，是他战胜了自己的拖延情感，理性接管了行动。

# 047

## 最好的休息不是睡觉，是左右脑的切换

我在《你只是看起来很努力》这本书中写过一个关于A朋友的例子。他每天把事情安排得井井有条：写书、讲课、读书、出席活动、录制节目……时间被分割成很多小部分，每一部分都清晰地安排了不同任务。他的事业因此飞速增长，但每次学生问他："你不需要休息吗？难道你是铁人？"他总是笑着回答：**"做不同的事情，就是休息啊！"**

为什么有些人每天看起来精力充沛，而另一些人即使睡了一下午也依然觉得疲惫？**关键就在于休息的方式。**

### 休息不是睡觉，而是脑力切换

休息分为两种：**身体休息和大脑休息。**当大脑长时间专注于一项任务时，思维会逐渐变得迟钝，但这并不意味着你需要马上去睡觉，而是需要切换到不同类型的脑力活动中。

**左右脑切换的应用场景有：**

- **切换到创意型活动。**比如你学习了 2 小时英语，可以停下来画一会儿画，或写点随笔。这种切换能让大脑中枢得到调整，让学习效率更高。

- **切换到运动型活动。**当你坐着太久时，身体也需要舒展。不妨站起来做几组伸展运动、快走几圈，等身体活跃起来时，大脑也会跟着恢复活力。

- **切换到生活小事。**有时候做点简单的家务，如洗碗、打扫，也是一种休息方式。它能让你放松紧绷的神经。

**为什么有些人长跑坚持不下去，而有些人却乐在其中？**

因为前者只关注自己的脚步，越跑越累，而后者却在享受沿途的风景。生活和学习也一样，如果你能为自己的时间安排“调味”，让不同的任务交替进行，效率和幸福感都会提升。

## 学霸的切换模式

**我曾经的一个学生是北大学霸。他在考研时把每天的时间切割得很细致：**

- 英语学了 2 小时后，画一会儿画放松；
- 画累了，就转去背政治；
- 坐久了，就出去跑两圈，跑完出汗再回来继续学习。

这就是左右脑切换的典型案例。正是因为这种不单调的安排，他成功考上了自己理想的研究生院。

**休息并不等于停下所有脚步，而是换一个方式继续前行。**

我们常说的“打了鸡血”的状态，其实来源于合理安排工作与休息，并懂得在左右脑之间切换。当你能够掌握这种切换方法，就能让自己在高效工作和高效休息之间无缝衔接，让每一天都成为充满能量的一天。

# 048

## 午休咖啡法则：掌握 25 分钟黄金休息术

午休是一个好习惯，有时候只需短短的一小会儿，就能让你的下午充满活力。尤其对于从事脑力劳动的人来说，午休可以显著提升下午的专注力和效率。

**午休的好处不仅仅是恢复精神，它还可以：**

- ✦ 保护心脑血管，降低冠心病和脑梗的发病率。
- ✦ 提高记忆力，让上午学到的知识更牢固。
- ✦ 增强免疫力，让淋巴细胞更有战斗力。
- ✦ 改善情绪，赶走午后的疲惫和烦躁感。
- ✦ 最重要的是，提升下午的专注力和工作效率。

希腊进行的一项长达 6 年、涉及 23000 人的大规模研究显示，有午休习惯的人死于心脏病的概率降低了 37%，与每天锻炼的效果相似。

但是，**过长的午休时间反而会适得其反。**我们都有过这种体验：中午睡了两三个小时，结果下午起来后，头痛欲裂，浑浑噩噩，办事效率低到谷底。

**那么，如何科学午休？这就要用到“午休咖啡法则”了。**

这个方法被许多高效能人士应用，并且已经得到科学的验证。

**午休咖啡法则的具体步骤如下：**

- **找到你的低谷时间。**一般来说，低谷期在下午两点到三点之间，因为这是人体生物钟自然下滑的时段。如果想更精确一些，可以像我们之前分享的“记录情绪水平”那样，花一周时间记录下你下午的状态变化，找到每天最疲惫的时间点。

- **选择安静的环境。**如果你在家或有独立的休息室，找一个安静的地方小憩。如果在办公室，可以戴上防噪耳塞或眼罩，创造一个模拟的“安静空间”。

- **午休时间控制在 25 分钟以内。**如果睡不到 5 分钟，效果不大，因为大脑还没进入休息状态。最佳的午休时间是 10 ~ 20 分钟，因为大多数人需要 7 分钟左右才能睡着。一个 25 分钟的闹钟提醒是理想的安排——足够让你恢复，但不会让你进入深度睡眠，避免醒来后昏沉。

- **午休前喝一杯咖啡。**国外有一个说法叫“午休咖啡法则”。咖啡因通常需要 25 分钟左右才能融入血液并发挥作用，因此你在午睡前喝一杯咖啡，等你 25 分钟后醒来时，咖啡因正好开始生效，不需要闹钟也能让你自然清醒。而且，清醒后的专注力会更加明显。

研究表明，长期坚持午休的人比偶尔午睡的人受益更多。因为午睡不仅是一个短期的“充电”过程，更会在长期内对心血管健康、精神稳定和免疫力产生深远影响。

但你要注意两件事：

- 避免午餐过量。吃得太饱会让血液都流向胃部，导致午睡时昏昏欲睡，无法快速清醒。
- 不要过度依赖咖啡。如果每天喝多杯咖啡，可能会让身体对咖啡因的敏感性下降，影响“午休咖啡法则”的效果。

试试这套方法吧。它不仅能让你在短短 25 分钟内恢复能量，还能通过简单的调整提升你整个下午的表现。

# 049

## 顺应你的生物钟，事半功倍

其实每个人都有自己的“时间类型”（Chronotype），它把人分成两种，第一种是夜间型，也叫猫头鹰，如爱迪生。这类人日出很久才会醒来，讨厌早晨，直到下午甚至傍晚才迎来活跃高峰。爱迪生是个典型的“夜猫子”，他发明了电灯，间接地让世界上的“夜猫子”越来越多。早年间没有电灯，人们到了晚上只能睡觉，但现在，即使是夜晚，人们也可以高效工作。

第二种是早间型，也叫云雀。他们起床很轻松，白天充满活力，晚上却疲惫不堪。我爸爸就是这样的人。每次晚上聊着聊着，到了9点，他就会说：“不说了，我先睡了。”

你是云雀还是猫头鹰？这可能是由遗传因素决定的。研究表明，遗传占了时间类型的50%。此外，一个人的出生时刻对此也有影响：秋冬出生的人更可能是云雀，春夏出生的人则倾向于猫头鹰。当然，这个不是绝对，但很多资料中都提到了类似的结论。年龄也是重要因素，小孩子一般都是云雀，早早醒来叽叽喳喳地吵个不停，但随着年龄增长，尤其是进入青春期后，很多人慢慢变成了猫头鹰。

那么，猫头鹰和云雀谁更好呢？

本杰明·富兰克林说过："早睡早起使人健康、富有、聪明。" 这句名言广为流传，但并没有科学证据表明早睡早起的人会更聪明。相反，研究发现猫头鹰往往具有更强的创造力、出色的工作记忆和更高的智力测试成绩，他们的思维也更加灵活幽默。

问题在于，很多公司、学校和政府体系都为云雀设计，如早8点的会议、早课和早班车。而猫头鹰就像左撇子生活在一个右撇子的世界中一样，需要适应不太友好的环境。

如果你是猫头鹰型，早起对你来说确实很痛苦，但可以采取一些方法缓解。比如，在前一天晚上列好任务清单、在会议前喝杯咖啡或散步 10 分钟、尽量将核心任务放在下午或晚上完成。另外，可以尝试与上司沟通，解释自己的工作高峰期在哪里，说明如何利用这个高峰对公司更有利。如果沟通无效，也可以考虑寻找更灵活的工作环境。

至于我，是一个地道的猫头鹰。早上起不来，一到晚上精神就好。做考虫那会儿，我就跟团队提出一个要求："能不能不坐班？我在家效率更高。"幸运的是，他们理解并尊重了我，让我得以灵活安排自己的时间。

不过最近写这个专栏时，我每天都早起，一杯咖啡加上安静的环境，竟然让我意外地高效，最终完成了整个专栏的创作。这也让我明白，无论你是猫头鹰还是云雀，你都可以适应新的节奏。人是有机会改变的，关键是找到适合自己的方法，然后勇敢地迈出第一步。

# 050

## 警惕“能量下坡路”，善用休息逆转局面

有研究发现，人大约在每天醒来 7 个小时后，大脑功能会进入低谷期。比如你早晨 6 点起床，那么下午 1 点左右你就容易感到乏力；如果你早晨 8 点起床，下午 3 点就是你的“危险期”。在这个时间段里，你更容易犯错，更难集中注意力。

尤其是在医疗领域，状态低谷的影响极为明显。杜克大学医学中心的研究人员研究了大约 9 万例手术，发现医疗人员在下午三四点时出错的概率显著增加。具体数据是：上午 9 点出现医疗失误的概率大约为 1%，而到了下午 4 点，这一概率上升到 4.2%。换句话说，下午犯错的概率是上午的 4 倍多。

再来看一个实际伤害的概率数据——早上 8 点时，患者出现严重不良反应的概率为 0.3%，而下午 3 点则上升到 1%，增加了超过 2 倍。即便是最简单的内窥镜检查，早上 11 点时，医生每次检查平均能发现超过 1.1 个息肉；而到了下午 2 点，虽然患者没什么不同，但医生的检查效率下降了，发现的息肉数量竟然少

了一半。这并不是因为息肉突然消失了，而是医生的状态低谷导致的。

更有意思的是，护士们的洗手频率也受到了影响。研究发现，护士在上午接班时洗手消毒的频率很高，但到了中午之后，洗手的次数会骤降 38%。也就是说，如果早上他们洗手 10 次，到了下午可能只洗 6 次。

不仅是医院如此，开车也一样存在时间低谷的风险。英国有数据显示，与睡眠不足相关的交通事故在一天中有两个高峰期：一个是凌晨 2 点到凌晨 4 点，另一个是下午 2 点到下午 4 点。研究人员在美国、以色列、芬兰、法国等国家也发现了相同的模式。我猜，在中国也差不多。

听到这些数据，你是不是有点害怕下午去看医生了？别担心，解决方案其实很简单，而且操作性极强。

研究人员做了一个实验，他们观察到丹麦学生上午考试的平均成绩高于下午的成绩，因为下午学生们普遍进入了注意力低谷期。但他们设计了一个实验——让学生们下午继续考试，但在考试前先休息 20 ~ 30 分钟，吃点东西、闲聊一会儿。结果发现，学生们的考试分数不仅没有下降，反而有所提高。也就是说，“休息带来的改善要超过每小时脑力的下降”。

因此，总结出以下 5 条策略，帮你度过状态低谷：

- **休息比硬撑有效。**无论是工作还是学习，记得干一会儿就休息一会儿。可以使用番茄工作法，每 25 分钟集中工作，然后休息 5 分钟，给大脑足够的缓冲时间。

- **动起来比坐着有效。**久坐不利于血液循环和大脑供氧。我现在用站立桌写作，一边站着一边动，精神状态比以前好很多。

- **社交比独处有效。**在低谷期，和人聊天能有效激活大脑，尤其是和不太熟的陌生人聊一聊，更能刺激思维，赶走疲惫感。

- **户外散步比室内待着有效。**如果感到疲惫，可以出门散步 10 ~ 15 分钟。新鲜空气和自然光能够快速缓解疲劳，让你重新充满能量。

- **彻底放空比思绪万千有效。**让自己思考一些与当前任务完全无关的事情，越离谱越好。比如，想象自己成为一名宇航员，正在畅游太空，或者做一顿世界上最奇葩的料理。这种“无用的思考”反而能清空你的大脑，为接下来的工作提供新的动力。

记住，状态低谷并不可怕，可怕的是你无视它。善用这些小技巧，你会发现每个下午都能轻松高效度过。

# 051

## 别相信“中年危机”

关于“中年危机”，我有个判断：是你相信它，它就存在；不相信，它什么都不是。

最近，“35 岁效应”成了个热门话题，大家都在讨论 35 岁如何成了职场的“危机点”。明明你正处在能力、资源、经验的高峰，却因为“性价比不高”而被大厂裁掉。这种情况，让很多人开始频繁提到“中年危机”。

但在这门时间管理的专栏里，我想用更冷静的视角，带你重新认识所谓的“中年危机”。

**首先，我要给出一个结论：“中年危机”是伪概念，它没有任何科学依据。**

我们来看一看这个概念的来历。它最早来自一个叫埃里奥特·杰奎斯（Elliott Jaques）的人在《国际精神分析杂志》（*The International Journal of Psychoanalysis*）上发表的一篇论文中。在这篇论文里，他研究了莫扎特、拉斐尔、但丁和高更等艺术家的传记，发现其中一些人在 37 岁左右去世。于是，他基于这个简单事实，加上弗洛伊德的理论和几则未经验证的故事，提出了一套看似合理的理论：人在 35 岁左右会遭遇“中年危机”。

但是，你会发现，这套理论的根基并不稳固。首先，被他用作论据的艺术家人数并不多，仅仅是几位有名的代表而已；其次，他完全忽略了其他领域中“正常”且“平稳发展”的中年人群。这样的研究方法根本不足以让“中年危机”成为一种普遍规律。

随着时间的推移，越来越多的研究结果也在推翻“中年危机”这一说法。科学家们发现，幸福感并不会因为进入中年而有所减少。虽然确实有数据显示，人的幸福感在童年时期会快速上升，三四十岁时可能会有所回落，但这并不意味着中年必然是人生低谷期。甚至有研究指出，50 岁以后，人们的幸福感又开始重新上升。

所以，“中年危机”跟星座运势一样——你相信它，它就存在；你不相信，它就什么都不是。其实，中年只不过是人生的一个阶段而已，它并不比其他阶段更具风险或更难度过。

如果你在 35 岁时被裁掉了，怎么办？很简单，先告诉自己这很正常——因为没有一份工作是可以干一辈子的。

当年国有企业改革时，很多人也面临了同样的局面。那些主动拥抱变化、下海经商的人，后来很多都成了成功的企业家，实现了财富自由；而那些固守旧制度、拒绝改变的人，才是遇到了真正的“危机”。

我遇到过一些到了35岁就被裁的人，他们并没有因为“中年危机”就陷入绝望，反而趁机创业，转变了自己的职业道路。他们中有人开了设计工作室，专门为前同事和大厂提供服务；也有人组建了编程外包团队，专门为企业解决应用程序中的错误。他们并不认为被裁是失败，而是把它看作一个重新起航的契机。

危机真正的来源是什么？是停滞不前。只要你不断寻找改变，不断向前走，“中年危机”就只是一个笑话。人到中年，并不是“危机降临”，而是“新的可能性”刚刚开始。

# 052

## 理解时间“9”

在美国，每年有超过50万人参加马拉松，2023年之后，这一数字还在增加。据统计，美国每年会举办1100多场马拉松比赛，而全球范围内大大小小的马拉松赛事超过3000场，每年吸引超过100万人参赛。你可能知道马拉松的历史来自那个希腊信使菲力比斯——跑完约42公里后倒地身亡。所以马拉松本质上并不是一项适合所有人的运动，那为什么有这么多人愿意挑战自己呢？

有一个关于时间的有趣现象：据估计，在一场普通的马拉松比赛中，超过一半的人是首次参赛，而其中一个最明显的特征是，“9”这个数字的吸引力。

研究表明，29岁、39岁、49岁、59岁的人比28岁、38岁、48岁、58岁的人愿意去参加马拉松，甚至概率高出两倍之多。同样的现象也出现在其他极限运动、重大决定甚至人生转折点上。

为什么“9”这个数字这么有魔力？29 岁时的你和 30 岁时的你，生理上并没有显著差别，医生或生物学家根本看不出这点区别，但在心理上，人们对“9”却有着特别的感触。29 岁的人总会想：“天哪，我就要 30 岁了！”——于是，他们迫切地想在进入下一个 10 年之前做一些标志性的事情，以此来证明自己没有虚度过去的 10 年。

心理学家将这种现象解释为“里程碑效应”，也就是说，当人接近一个整数年纪时，会感觉到一种强烈的时间紧迫感。他们会反思过去，展望未来，担心自己是否足够优秀，是否完成了想做的事。于是，许多人选择在 29 岁、39 岁等年纪做一些大胆的尝试，如参加马拉松、换工作、创业等，甚至完成一个冒险的计划。

我也是在 29 岁的时候完成了自己的第一次马拉松。那一年，我本来觉得自己没什么特殊计划，但突然看到了这场比赛的宣传海报，于是决定挑战自己。那个夏天的清晨，我在训练中跑过无数个公园和街道，直到正式完赛时，才真正理解了“里程碑”的意义。跑马拉松不仅仅是在跑，它更是一种时间的提醒，一次与自己和过去和解的机会。

很多人会想，我已经“奔三”（“奔四”）了！啊——我必须在这最后一年真正做成点儿什么。

**但我们是一群真正理解时间的人，我们最大的改变应该是**

**这样：无论你现在多大，你最应该做的，就是永远不要拖延自己的梦想。**

不要等到“9”这个时间点才做自己想做的事情，你应该知道，每个年纪都是你独一无二且“最后”的岁月。

# 053

## 关注你的稀缺红利

一个人在时间稀缺下，是能爆发出惊人效率的。

举个例子，期末考试前还有几天，你发现自己什么也没复习，但这几天的学习效率却特别高。这是时间的独特魅力：因为时间稀缺了，所以才能在几天之内学到更多的内容。那你过去一学期为什么不抽几天时间学习呢？因为时间没到，压力不够。

此时，你进入了一种极致的全神贯注状态中，专注到任何事情都无法干扰你。你只关心眼前的学习任务，什么女朋友、男朋友都不如考场上坐在我身边的同学重要。这就是稀缺带来的强大力量——你会把所有注意力集中到当下，进入稀缺状态中。

这种稀缺状态的好处就是带来“专注红利”。“专注红利”是指短时间内集中精力爆发出高度的注意力，从而带来高效产出。人在专注红利的帮助下，会将手头有限的资源发挥到极致。

**所以，如果你想提高注意力，就需要人为给自己制造一种稀缺的状态，如设立一个明确的截止日期。**

我自己在写作时，有时候出版社没有给我截稿日期，但我仍然会给自己定一个内部期限。在这个时间点到来之前，我总能爆发出惊人的生产力。截止日期迫使我进入稀缺状态，这种紧张感反而让我能高效地完成目标。

就像比尔·沃特森在《卡尔文与霍布斯虎》中写过的对话：

霍布斯问："你构思好要写的小说了吗？"

卡尔文回答："创造力可不像水龙头，说开就开。你得找到适当的情绪才行。"

霍布斯接着问："什么样的情绪是适当的？"

卡尔文说："紧要关头的恐慌。"

紧要关头，也就是**截止日期**，它是激发专注红利的关键。

我们常说"越到最后，越精彩"，这其实就是稀缺心理在作祟。比如：

- 巧克力盒里的最后几颗，总是觉得最好吃。
- 假期的最后几天，时间仿佛变得特别珍贵。
- 和恋人分手前的最后一天，你才会格外感叹她的好。
- 孩子离开家前的最后几天，你才意识到他的可爱和依赖。

稀缺本身不是坏事，合理利用它，反而能让我们变得更高效。当你制造出适度的稀缺感，专注红利会让你在有限的时间里完成超乎预期的目标。

# 054

## 记住，人生只有四千周

有一本书叫《四千周》，书里讲到一个非常有趣但又让人感到紧迫的事实：**一个人如果活到 80 岁，那么他的人生只有 4000 多个星期。**

但其实，实际能真正支配的时间远没有这么多。

你 3 岁前的记忆几乎是空白的，18 岁前大多数时间被学业捆绑。好不容易毕业工作了，想自在几年却发现家庭、结婚、生孩子又来了。再加上吃饭、睡觉、日常琐事占去的时间，算来算去，真正能自由支配的时间或许不到两千周。

每次想到这个主题，我都会更加珍惜自己的时间。**因为每一个周一的到来，都意味着你生命中的一周又消失了。**

所以，重要的不是时间，因为时间会流逝；重要的是你怎么用时间，以及你是不是把时间用在了让你觉得值得的事情上。

人生是一连串的“当下”拼凑而成，你唯一能把握的就是此刻，过去无法更改，未来无法确定。你唯一能控制的，是你在当下的行动和选择。

4000 周，听上去很长，但每天都在悄悄减少。你还有多少梦想没实现？有多少地方想去却还没去？有多少人你还没见？这些问题的答案，都藏在这 4000 周里。

别等了，等就是浪费时间。你喜欢谁就去表白，你想做的事就去做，想去的地方先买张机票。

正如尼采所说：**“每一个不曾舞蹈的日子，都是对生命的辜负。”**

# 055

## 远方不远，旅游是打开眼界的钥匙

为什么很多大厂都有年假？因为年假就是让你出去旅游的。一个会旅游、爱旅游的人，才会爱生活，更会爱工作。不爱旅游的人，眼界通常是值得担忧的——不爱远方，如何打胜仗？

旅游能帮你打开眼界。虽然读书也可以，但身体去趟远方，会让你的感受更深刻。我每次说到旅游，都会觉得激动，那感觉就像小时候玩《帝国时代》游戏——一开始你的视野被黑暗笼罩，只有一片土地可以看见，但随着你兵强马壮，版图开始越来越宽广，整个世界都在你脚下展开。

随着你去的地方越多，你的世界就越大，视角越多样，看待事物的方式也越不一样。旅游并不是一定要花很多钱、出国或者去昂贵的地方，关键是心态和状态——你是否有那种自由、放松和探索的心情？

我刚开始工作的时候没什么钱，但每个月我都会给自己安排一个小目标，比如，去北京周边的爬个山，或者去小镇走走，这些小旅行让我换了思路。后来发现，真正好的东西都是免费的：空气、水、环境，以及自由的心。

再后来有了一些积蓄，我就开始跨市、跨省旅行，再之后我有了机会出国。每去一个地方，我都会尽量去认识当地的人，与他们交谈，期间总会有新的故事、观点和灵感迸发出来。**到最后你会发现，旅游真正有意义的部分是见人，而不是单纯看景。**

我很幸运可以到全国各地去签售，每次签售，我都会和主办方说："能不能安排一些空余时间，让我逛逛当地的景点？"这些时光是我最开心的部分，我总能见到不同的人，感受到不一样的生活方式。对于普通人来说，每年安排一次旅游就足够了，这次旅行将会成为你此生难忘的经历。

多说一句：如果条件允许，尽量不要报团，自己计划路线和行程会让你学到更多，也更有意义。

# 056

## 别只等未来，抓住当下才是王道

很久以前，人类是没有“时间”这个概念的。直到 1270 年左右，意大利和德国才出现早期机械式时钟。1336 年，第一座公共时钟被安装在米兰的教堂里，接下来的半个世纪，这类时钟迅速传遍欧洲各地。此后，正式开启了我们以数字计算时间的时代。

有了钟当然是好事，让我们开始理解“时间”并据此安排生活，但也带来了一个问题——我们以为我们拥有很多时间。我们把时间分成“过去”“现在”和“未来”，开始将“现在”变成换取“未来”的工具。

许多人说：“等我有钱了，我要做什么。”“等我考完试了，我再去做什么。”于是，人生的价值被锁定在未来的某个时间点上，而不是当下。

然然而我们可能并没有未来，只有现在。人们常说“活在当下”，这句话绝不仅仅是鸡汤，而是实实在在的生命哲学。一个人如果不能珍惜当下，就等于失去了最重要的东西——你唯一真正拥有的时间。

我们习惯想象：未来某一天，当我完成某个目标，我就会拥有理想的生活。但事实是，此刻、现在，才是你真正拥有的一切。正如我之前所说，人生是由一连串的当下组成的，最后以死亡结束。**当下不是通往未来的工具，它本身就是终点。**

**所以，别再把理想寄托在未来的某一天，你要抓住现在。**喜欢谁就去表白，想做什么就去做，想去哪里就去买张机票。你无法改变过去，也无法确定未来，但你可以牢牢把握住现在，这才是人生最大的智慧。

# 057

## 行动是打败焦虑的解药

如果你正处于焦虑之中，甚至焦虑到无法做自己想做的事，不要慌，试着用下面这个清单去缓解它。

- **随手拿一本书读。**无论是小说还是工具书，读进去，让自己沉浸其中，暂时忘掉外界。
- **设定运动目标并完成它。**比如跑 5 公里，做 50 个波比跳或 100 个俯卧撑，做完是关键。
- **安排满日程。**忙碌可以转移注意力，让自己没有时间去多想。
- **让自己疲惫到倒头就睡。**身体的疲劳能缓解心理的焦虑。
- **找到引发焦虑的根源。**识别焦虑的根本原因，立刻去解决它。
- **找人倾诉。**沟通交流会让焦虑减轻。
- **冥想。**学会深呼吸，放松肌肉，给大脑一个喘息的空间。

- **健康饮食。**低油盐、清淡饮食是身体稳定的基础。
- **分解问题。**再大的焦虑都能分解成小问题逐一解决。找到线头，慢慢解开它。
- **接受变化。**记住：唯一不变的就是变化。放下抗拒，拥抱新的可能。
- **设定短期目标和长期目标。**短期目标可以是 1 个月内的小成就，长期目标则要具体到某一成果。
- **培养爱好。**钓鱼、收藏，无论看起来多无聊，它们都是你的情绪出口。
- **制订阅读计划。**用书籍填充自己的思维，1 年内完成一定数量的阅读目标。
- **写作记录。**把你的焦虑、困惑和低谷写下来，也许未来的某天回头看时，你会发现很多成长的足迹。
- **尝试新鲜事物。**接触新知识和新技术，比如学会用 AI、下载并探索新的应用，让大脑保持活跃和年轻。

焦虑并不可怕，关键是你愿意行动起来，让每一步都变成解药。

# 058

## 复盘，才能让时间更有价值

“复盘”这个词最初来源于围棋，指的是下完一盘棋后，棋手会重新回顾整盘棋局，分析哪些地方下得好、哪些地方下得不好，以及是否有更优的走法。后来，这个词被股市、互联网行业广泛引用，逐渐演变成一种高效反思的方法。**而真正重要的复盘，是你对整个人生的反思。**

我建议你每周拿出 1 小时，对以下几部分内容进行详细复盘。

### 总结本周的成就和失误

- **成就复盘：**本周有哪些让你感到骄傲的成就？例如，完成了某个项目、坚持了健身、学会了一个新技能等。写下来，不要轻视小成就，它们是大成就的累积。

- **失误复盘：**有哪些事情没达到预期？为什么没做到？找出具体原因，是缺少时间、准备不足，还是因为注意力分散。更重要的是，思考下次如何避免类似问题出现。

- **行动计划：** 总结成就时，思考如何继续巩固和复制；面对失误时，找到一个改进方案，并写入下周的计划中。

### 人际关系复盘

- **值得维系的关系：** 回顾一周内见过的人、联系过的人，哪些人给了你正向反馈、带来了启发？他们是你的“增值人脉”，需要定期维系和交流。
- **可以适当疏远的人：** 哪些人让你感到疲惫、消耗甚至负能量满满？不需要完全断绝关系，但可以减少接触。
- **新关系拓展：** 这一周里有没有遇到新的人？他们是否值得进一步接触？如果值得，记得加深联系，如发一条消息或者安排下次见面。
- **友情与家人关系的维护：** 特别要反思，是否忽视了陪伴家人和朋友的时间？如果有，计划下周主动安排时间补上。

### 决策反思

- **好的决策：** 哪些决定让你收获满满，如投资了正确的项目、报名了提升技能的课程、及时抓住了某个机遇等。分析这些决策是如何做出的，未来是否可以复制类似的成功模式。
- **遗憾的决策：** 是否有些选择让你后悔，如错过了一次机会、做了错误的投资等？这里不要自责，而是要冷静分析错在哪里，是信息不足、判断失误，还是执行中出了问题。

- **未来的决策策略：** 通过反思，梳理出哪些信息是你在做决策前必须掌握的，哪些是需要避免的情绪化决策，慢慢形成属于你自己的决策系统。

### 方法和策略的改进

- **哪些方法奏效了？** 例如，这周你在学习上是否采用了新的记忆法？在工作中是否尝试了新的沟通技巧？这些方法是否让你的效率提升了？

- **哪些方法需要优化？** 如时间管理工具没用好、会议准备不充分等。

- **是否有可复制的方法？** 一旦某种方法或策略在这周发挥了不错的作用，考虑在其他领域或下一周继续应用。

### 情绪管理复盘

- **记录情绪波动：** 这一周是否有情绪低落或高涨的时刻？原因是什么？如被批评时是否感到挫败、完成任务后是否感到欣慰等。

- **引发负面情绪的原因：** 比如，遇到挫折、和同事产生分歧、身体不适等。找出原因后思考下次如何避免或更好应对。

- **正面情绪的积累：** 有哪些事情让你感到愉悦和成就感？可以是读了一本书，锻炼后感到轻松，或者和朋友的一次深聊。这些正面情绪要刻意保留，并在下周主动创造类似的机会。

## 总结行动计划

- **根据复盘结果，制订下周的改进计划。**
- **调整优先级。**哪些事情需要更高优先级？哪些事情可以暂时搁置？
- **设定具体目标。**目标要具体，如“这周阅读 2 本书”或者“每天冥想 10 分钟”，并确保目标是可执行的。

复盘不是一场自我批评大会，而是一次成长总结。它让你从过去的经验中提炼出精华，避免未来犯同样的错误，并通过优化策略让每周都过得更加高效和充实。坚持复盘，你会惊讶于自己的成长速度有多快。

# 059

## 柳比歇夫：记录时间，就是管理人生

在时间管理的世界里，有一个人堪称“神话”级别的人物，他就是亚历山大·亚历山德罗维奇·柳比歇夫。这位苏联昆虫学家、哲学家、数学家，靠着一套近乎苛刻的时间记录方法，在 26 ~ 82 岁完成了超过 70 部学术著作，研究领域涵盖昆虫学、植物保护、遗传学、无神论、进化论等众多学科。

为什么他的时间管理方法如此有效？我们就来详细拆解“柳比歇夫时间管理法”。

### 他的核心理念——每时每刻都在记录时间流向

柳比歇夫从 1956 年开始记录自己的时间，每天记录当天做了什么、用了多久，并坚持了几十年。即使在战争年代、住院期间，甚至连他心爱的儿子去世那天，他都没有中断记录。这种“流水账”式的记录，构成了他一生高效生活的基础。

**例如，某一天的时间账本：**

**1964年4月7日，乌里扬诺夫斯克**

- 分类昆虫学（画两张无名袋蛾的图）：3小时15分钟
- 鉴定袋蛾：20分钟
- 给斯拉瓦写信：2小时45分钟
- 植物保护小组开会：2小时25分钟
- 给伊戈尔写信：10分钟
- 读《乌里扬诺夫斯克真理报》：10分钟
- 读列夫·托尔斯泰的《塞瓦斯托波尔纪事》：1小时25分钟

**一天的时间总计：**

- 基本工作合计：6小时20分钟
- 休息与社交合计：4小时以上

通过每天这样的记录，柳比歇夫对自己的时间分配得非常清楚。他甚至可以说出某一年里，他花在游泳上的时间是43次，与朋友、学生交往的时间是151小时，娱乐共计65次。连他听过的音乐会、看过的戏剧和展览，也都有详细记录。

## 每时每刻的记录，让他拥有宝贵的人生数据

他不是随意记录，而是像在管理一家公司一样管理自己。**他不断分析这些数据，得出关于自己时间运用效率的核心洞察：**哪些时间是高效的？哪些时间被浪费了？哪些活动对他的

研究和生活最有帮助？

他不会把时间浪费在无意义的事情上，如漫无目的地闲聊、无计划的娱乐。他会根据前一段时间的复盘，调整接下来的时间安排。

**比如，他会反思：**

- 这周我花在社会活动上的时间过多，影响了昆虫分类研究，所以下周减少社交时间。
- 这个月的读书量太少了，下个月每天增加至少30分钟的阅读时间。

**通过这样严密的时间管理，他不仅能高效产出，还能在各个领域取得成就。**

## 如何运用“柳比歇夫时间管理法”

虽然我们现在不用像柳比歇夫那样手写账本，但他的时间管理理念仍然可以借鉴并融入进我的生活中。下面是具体操作步骤。

### ❶ 记录时间流向

**每天记录你在不同活动上花的时间，比如：**

- 工作：写文案1小时、开会30分钟
- 学习：阅读专业书籍40分钟
- 娱乐：刷短视频20分钟
- 休息：午休25分钟

你可以使用笔记本、Excel 表格，或者现代的时间管理软件，如 Notion（笔记软件）、RescueTime（时间记录软件）、番茄钟等工具，自动跟踪你的时间使用情况。

### ❷ 每周或每月复盘

每周花 20 ~ 30 分钟复盘：

- 哪些时间花得值？
- 哪些事情可以减少？
- 哪些活动可以优化？

比如，你可能发现自己每天花 1 小时刷手机，但并没有实质性的收获。那么，你可以设置每天的社交软件使用时长限制，或者在固定时间段处理社交事务。

### ❸ 合理安排“核心工作时间”

像柳比歇夫那样，把最重要的工作放在高效时段完成，比如早晨或晚上。**如果是写作或科研类任务，可以安排 3 ~ 4 小时的深度工作时间，中间尽量避免干扰。**

### ❹ 制定短期目标和长期目标

短期目标可以是 1 天、1 周内完成的任务，比如“今天写 2000 字”“这周看完 1 本书”；长期目标可以是 1 个月到 1 年的大目标，如“半年内提升法语口语”“1 年内出版 1 本书”。

### ❺ 量化所有成就，激励自己进步

不要低估记录的力量，定期查看记录，你会发现自己的成长比预想中快得多。这种正反馈机制会促使你不断进步，并找到生活的平衡点。

### 柳比歇夫的启示：管理时间，就是管理人生

柳比歇夫的时间管理方法并不是要每分每秒都记录，**而是让你了解自己的时间流向，找出高效与低效的关键环节。时间就是我们的生命，当我们把时间当作资源管理时，我们能看到自己真正的成长。**

你不用强迫自己做到像柳比歇夫那样极致，但可以借助他的理念，在日常中慢慢建立起记录与反思的习惯。开始时或许很难坚持，但只要每周坚持复盘一次，你会发现，自己的人生正朝着更清晰、更高效的方向发展。

正如柳比歇夫用一生告诉我们的：**时间是有脚的，能不能跟上它，取决于我们是否愿意花心思管理它。**

# 060

## 保证睡眠时间

前面我们提到柳比歇夫，他每天要睡 10 个小时，谷爱凌也是。为什么这些睡得好的人，反而可以成就大事？**是因为睡得越好，你做事的效率就越高。**所以，请一定要睡好，睡得健康。

关于如何保证高质量睡眠，给你列一个清单：

- **无论如何睡够 7 个小时，至少 7 个小时。**大脑需要充足的时间完成信息处理、记忆整理以及细胞修复工作，如果长期缺少睡眠，会导致反应迟钝、注意力不集中，甚至影响免疫系统。我有个强项，无论遇到什么，第一件事就是睡好，不管碰到多麻烦的事情，睡觉是第一位的。

- **实在睡不好，保证第一个睡眠周期——90 分钟要睡好。**第一个 90 分钟是深度睡眠阶段，对记忆、情绪、身体修复至关重要，就算其他时间不够，**这 90 分钟也要优先保障。**

- **睡觉前 30 分钟一定要远离手机等电子产品。**蓝光会抑制褪黑素的分泌，影响我们的入睡速度。所以我们可以设计一个单调乏味的环境，拿起一本如《瓦尔登湖》这样的书，读着读着就困了，哈哈。

- **作息规律。**无论你是“夜猫子”还是早起者，**关键是每天的作息时间要一致。**你可以晚睡，但每天都要在同一时间入睡、起床。人体的生物钟只需要规律，而不是强制早睡。

- **买一个好窗帘，创造舒适的睡眠环境。**遮光窗帘能有效挡住外界的光照，此外你也可以购买耳塞、眼罩、白噪音机等，让卧室保持安静、凉爽，形成理想的睡眠环境。

- **睡前学会冥想。**冥想能让大脑和身体逐步放松，避免思绪过于活跃。躺在床上全身放松，深呼吸，感觉气息从头到脚流遍全身。如果开小差了，不要责备自己，轻轻把注意力拉回来。

- **睡觉时闭住嘴，用鼻子呼吸。**用鼻子呼吸有助于调节气息、放松神经系统，同时还能提高氧气吸收率，避免因张口呼吸而导致的口干或打鼾。

- **睡前90分钟洗个热水澡或者泡泡脚。**温水可以帮助促进血液循环，洗澡后体温下降，这种微妙的变化会给身体一个信号——“该睡觉了”。

- **睡前吃一些冰的西红柿或黄瓜。**它们的热量较低，可以提供适度的饱腹感，且增加体内与外界的温差，有助于更快入眠。

- **实在睡不着，就起床做点事情。**不要躺在床上翻来覆去，会让大脑与床建立“睡不着觉”的错误关联。可以起来看看书、听听轻音乐，直到感到困意再回到床上。

- **如果出现长期失眠，建议看医生。**长时间睡不好会严重影响生活和工作，甚至损害身体健康。如果尝试了多种方法仍然无效，及时寻求医生的帮助是必要的。

**好的睡眠，不是浪费时间，而是高效生活的前提。**无论你再忙，都要把睡眠当成必不可少的“投资”。

# 061

## 利用碎片时间

这些年我一直有个好习惯，就是利用碎片时间做点事情。比如，等公交、地铁的时候，从包里拿出一本书；在地铁上，把之前收藏的文章看完；在排队时，写下公众号的大纲。这些零散的时间积累起来，其实是一笔巨大的时间红利。

什么是碎片时间？它们就是那些被忽略的、看似无用的短暂时刻，如果利用得当，一年下来可以节省很多宝贵时间。以下是20个常见的碎片时间场景，帮你高效利用等待和空闲时间。

- **等车 / 地铁时：** 在公共交通站点等候时，可以阅读、学习或听音乐。
- **会议间隙：** 利用短暂的休息时间思考会议中讨论的问题、写下想法或回复短信。
- **午休时间：** 可以用来做简短的冥想、伸展运动，或小憩片刻恢复精力。
- **洗澡时间：** 在洗澡时听有声书、播客或语言课程，让碎片时间产生价值。

- **看病时**：在医生或牙医诊所等待时，阅读杂志、电子书，或处理手机邮件。
- **走路 / 跑步时**：锻炼时可以听有声书、学习语言或思考接下来的工作任务。
- **旅途中**：在飞机、火车或长途汽车上，可以读书、整理计划或听音乐。
- **午餐时间**：除了吃饭，还可以社交、阅读或做短时间的锻炼。
- **候机时**：在机场等候时可以处理邮件、计划行程或阅读有趣的文章。
- **等朋友时**：在咖啡厅、餐厅等候朋友时，可以用手机看书、写日记或画画。
- **搭乘电梯时**：短短几秒钟可以刷一条新闻、记一个单词或查看日程安排。
- **锻炼时**：在健身房时，可以听播客、音乐或学习一门新技能。
- **做饭时间**：切菜、烧水时听有声书、收音机，或学习新食谱。
- **等开会时**：会议前的几分钟可以用来回顾资料、准备提问或放松自己。
- **等电话时**：等待对方接电话时，可以做笔记、清理桌面或写下待办事项。

- **孩子的课外活动期间：**在孩子参加活动时，可以阅读、处理邮件或规划下一步行动。

- **洗衣服时：**听书、整理文件、回复消息都可以在洗衣服的间隙完成。

- **搭乘公共交通工具时：**在公交车、地铁或电车上，可以进行学习、阅读或放松。

- **体检排队时：**在等待检查时，可以写日记、规划行程或处理小任务。

- **超市结账排队时：**用排队时间查看购物清单、处理手机消息或浏览购物优惠。

每一天，我们都会遇到这些碎片时间场景。善用它们，一年后你会发现，你已经悄然完成了许多原本无暇顾及的任务。

# 062

## 买一个防水耳机

我在洗澡和洗头的时候，耳朵里都放着一些东西。比如，听书、听课和听歌。

有一种省时间的方式叫多任务模式，它可以让你在高效完成任务的同时不断提升自己。比如，一边听书一边打扫卫生，一边听课一边吃饭，一边听音乐一边写作。时间就像海绵里的水，挤一挤总是有的，而多任务模式就是帮你“挤出”那部分被忽略的宝贵时间。

几乎每个人都可以轻松地做到一边听播客或有声书，一边运动、做菜、搭车上班，甚至独自用餐时也可以边吃边学习。当你习惯利用这些间隙时间后，你会发现听书或听课带来的效益惊人。

我曾经每天听一本书，一开始怀疑听书效果，觉得没有读纸质书那种深入。后来发现，虽然阅读体验不同，但听书可以随时随地进行，而且还能听到解读者的独特见解。有些专业读书人能把一本厚重的名著拆解成易懂的核心内容，这让你不仅省时间，还能以高效率吸收书中的精华。

古时候达官贵人家里有专门的“读书郎”，让这些读书人将书中的内容读给他们听，以节省精力。而现在，互联网已经让我们这些普通人也有了自己的“读书郎”——那些高质量的有声读物、解读视频或播客，都在帮你快速提高知识储备。

我建议你一定要买一副无线防水耳机。有了它，你连洗澡的时候都能听课、听书。这种耳机解放了你的双手，让你可以在做家务、运动中甚至在短暂休息时也轻松获取新知识。

**多任务模式不是消耗你的精力，而是让那些零散时间变得更有价值，真正实现“一箭双雕”。**

# 063

## 买一台好电脑

古时候有句老话叫“磨刀不误砍柴工”，而现在这句话的现代版就是：买一台好电脑，才能事半功倍。职场人和创业者尤其要注意这一点——电脑就是你手中的刀，装备不行，效率注定低下。

如果你的电脑反应慢、频繁卡顿、启动软件都要等上半天，那你怎么可能保持良好的工作状态？相信我，你会烦死的。

现代社会的工作节奏这么快，每一次卡顿、延迟都会消耗你的专注力，让你想发火，甚至影响工作成果。因此，给自己配一台性能出色、运行流畅的电脑绝对是提升工作效率的重要投资。

创业者尤其需要明白，给自己和团队配好电脑并不是浪费。好的设备会让员工充满仪式感地打开电脑开始一天的工作，效率自然会提升。**更重要的是，当你的工具顺畅无比时，你的专注力不会被打断，一旦进入“心流”状态，你就能实现高产出。**

我见过太多省小钱吃大亏的例子。有些人舍不得给自己换台好电脑，结果整天卡在程序加载上、文档崩溃上，浪费了大把宝贵的时间和精力。最终，他们不得不接受这样一个现实：低效是最高的成本。

所以放心投资好电脑，你早晚会赚回来的。让好设备成为你的工作助推器，而不是时间黑洞。

# 064

## 提前 10 分钟起床，掌握一天的主动权

几乎所有优秀的人都有一个特点：早起。时间管理专家、《一流成功人士早餐前都做什么》一书的作者劳拉·万德坎姆曾对 20 位企业高管做了一项调查，其中 90% 的人在工作日早上 6 点前就已起床。比如，百事 CEO 卢英德 4 点起床，不到 7 点就到办公室；迪士尼 CEO 鲍勃·伊格尔 4 点半起床阅读；推特 CEO 杰克·多西 5 点半起床跑步。

《富有的习惯》一书中也提到，85% 的富人都有早起的习惯。那么，怎么早起呢？我的建议是：提前 10 分钟起床。比如，你计划 7 点起床，就设置一个 6 点 50 分的闹铃，这 10 分钟并不会影响你的睡眠，却可以帮你做很多事情。

早起 10 分钟，你可以进行简单的锻炼、冥想，或者听一小段有声书，整个人会在轻松与主动中开启新的一天。

如果你觉得太忙没时间，我只想说：第一，10 分钟真的不算多；第二，这 10 分钟可以让你的一天从被动变成主动；第

三，世界上最忙碌的人都在这么做，你还有什么借口？

施乐公司 CEO 每周两次在早上 6 点进行私人健身训练；美国前总统奥巴马每天早晨都安排力量和心肺功能训练。这些顶级忙人都坚持早起，是因为他们知道这件事的确重要。

所以，别再犹豫，提前 10 分钟起床，给自己一个主动掌控的机会。

# 065

## 穿得简单，是让大脑专注于重要的事情

如果你观察新闻，就会发现许多顶级大佬几乎总穿同样的衣服。马云永远是毛衣配衬衫，再搭配一双布鞋；比尔·盖茨穿衬衫加“V”领毛衣，不论出席什么场合都是这样；扎克伯格呢？标志性的灰色 T 恤几乎成了他的专属符号。

马云曾开玩笑说：“我知道自己怎么打扮也不好看，干脆破罐子破摔了。”但真的是因为这个原因吗？

其实不是。有一段时间，我因为每天要上课，买了好几件一样的衣服穿着上课。有学生甚至投诉说我一个暑假都没换衣服，看得让人“崩溃”。虽然这个投诉没有对我产生实质性的影响，但让我意识到一件事：当我每天都纠结于“今天穿什么”时，早晨的时间会被浪费，精力也会在小事上消耗殆尽。后来我彻底改变了策略，衣柜里准备好几套一样的衣服，每天出门只需要几秒钟做决定。

这些大佬们为什么这样做？答案是：他们不想把宝贵的精力

浪费在琐碎的小事上。他们知道，选择吃什么、穿什么根本无关紧要，重要的是把脑力和时间集中在更具价值的事情上。

心理学中有一个概念叫“决策疲劳”，指的是人在做过多选择时会感到精神疲劳，导致后续的决策质量大幅下降。比如，你早晨已经为穿衣服、吃早餐、选路线过度思考了，到下午处理重要工作时，你的注意力和专注力都会大大降低。

所以，许多时间管理高手选择极简主义生活。你会发现，他们的办公桌、生活场景虽然可能看起来凌乱，但本质上一定是“简单、高效”的。

**买几套一样的衣服，其实是在向你传递一个重要的生活哲学：把精力留给真正重要的事情。**

# 066

## 花钱买时间，才是高效的投资

随着年龄的增长，人会逐渐明白两件事：第一，时间和精力真的有限。第二，要清楚自己能做什么，不能做什么。

年轻时我们总喜欢尝试各种事情，什么都想自己搞定，但到了中年或更成熟的阶段，你必须要学会聚焦、取舍，知道哪些事情该自己做，哪些事情该外包。

就像许多大公司，失败的原因往往并不是业务能力不行，而是业务太多太杂，最后被“庞杂”拖垮。人也是一样，当你意识到时间紧迫、精力有限时，学会外包是节省时间、提高效率的关键。

我自己就是个外包的受益者。比如，有一段时间我减肥效果特别好，大家以为我靠毅力，其实真相是：我在减肥的第一天就找了一个专业的健身教练，制订计划并跟进。果然，比自己摸索少走了很多弯路。同样的，我每次创业、跨界学习时，也会请专业人士或团队咨询，这大大节省了摸索的时间成本。正是因为外包，我才能把更多的时间集中在更核心、重要的事情上。

在长期实践中，我发现专业与非专业的区别真的非常大，外行与内行之间，果然隔行如隔山。如果你想快速进入一个领域或提高工作效率，不妨试试这两个外包的原则：

- **计算外包是否划算（参考之前的内容）。**如果某件事情的外包费用，低于你自己在这段时间内能创造的价值，就应该外包出去。如洗衣服、记账、送货等琐碎事务，如果你一天能用这段时间赚更多的钱，完全可以把它们交给别人做。用钱买时间，是最划算的投资。

- **为生命中最重要的事花钱。**我们之前讲过“写遗愿清单”，想象一下你临终时会为哪些没做的事情感到遗憾，如拜访一位挚友、看遍某个国家的风景、实现某个梦想。这些事情，如果可以用钱买到，请立刻行动，而不是拖延到最后。

**专业人士敢于收费，是他们专业性的体现。**

很多人不愿意为知识付费，觉得自己摸索一下能省下钱。但真正的专业知识和服务，往往因为值钱而敢于收费。你会发现，那些敢于标高价的人，正是因为他们的服务质量能够带来高效和增值，这才值得信赖。反之，免费的往往不靠谱，因为他们没有必要为你的成果负责。

例如，你可能觉得请教练太贵，但当你自己摸索半年都没效果，而教练能在 2 个月内帮你达到目标时，你就会发现，这笔钱花得物超所值。付费的背后，其实是你在购买别人的时间、经验，缩短自己的试错过程。

所以，请相信专业人士，并为此付费。外包是现代高效能人士的重要工具，当你用好它时，你会发现自己的时间成本大大优化，而你的人生目标也能更快实现。

# 067

## 别被“看似划算”迷惑，时间才是最高的成本

我曾经跟大家说过，决定你工资的，不是你的月薪和年薪，而是你的时薪。

算一算你 1 个月能赚多少钱，除以你的工作时间，包括你为工作准备的时间，如你出门的时间、地铁上的时间、团建的时间等，甚至包括你周末花费在手机上处理工作的时间。你会发现，很多工资看似很高的人，其实时薪并不高；而那些拥有技能但不需要坐班的人，往往时薪非常可观。

我就见过一位同声传译老师，1 个月 3 万元，但 1 个月只用工作 15 个小时，因为他同传一场收费 2000 元。剩下的时间，他都在家休息、学习，生活质量非常高。

同理，我在新东方教育科技集团有限公司上班时也是这样，一个小时几百元，虽然时薪没有同声传译高，但折算下来，工作自由度很大，也算不错。

这件事给了我一个重要的启发——**不要做低价值的事情**，因

为那不划算。同样的一段时间，要么休息、保持精力，要么就去做高价值的事情，并把这种选择变成习惯。

**所谓低价值的事，就是投入产出比很低的事情。**

比如，我之前接到一个活儿，是某个视频平台找我录电影影评，每条影评500元，文案都给我写好了，我只需要录音，每次只花30分钟。看起来不错，但我算了算：来回打车的时间、录音过程以及未来可能影响个人品牌的风险——直接拒绝了。

他们问我："这钱赚得这么容易，为什么不做？"

我说："是的，价格不错，但价值太低了。它无法让我积累经验、提升能力，也不能帮助我未来更好地赚钱。"

**《纳瓦尔宝典》里提到一个原则：给自己设定一个最低时薪。**

一开始，纳瓦尔给自己定了一个目标：如果一份工作时薪低于5000美金，就不做。刚开始，这个目标时薪没人愿意给他，但他坚持下去，不断拒绝低价值的事情，逐步提升自己，最终达到了这个目标。

所以，我建议你也给自己定一个最低时薪，无论是200元还是1000元，都要坚守这个标准。因为随着时间推移，你会发现，你的目标会吸引更多与之匹配的机会。

**拒绝低价值的事情，就是为高价值腾出空间。**

# 068

## 勾画未来，就是勾画现在

现在请大家闭上眼睛，设想一下，5 年以后，你想要成为什么样的人？你想要在哪座城市生活？想要和什么样的人结婚、生孩子？想要做什么工作？想要有多少钱？到哪个阶层？最重要的是，那个时候的你，会是什么样？

看到这里，你先不着急继续往后看，你拿一张纸写一下，每一个问题都给出一个答案。

然后你在脑子里再继续想一想这样的画面：那个时候你穿什么颜色的衣服？你脸上的表情是什么样的？你身边的人开心吗？那天的天气怎么样？你看看周围的环境喜欢吗？……越具体越好。

好，接下来可以继续看了。为什么让你这么做呢？因为提前思考你想达成的目标，可以增加成功实现预期的可能性。

**这条时间管理方法就叫勾画蓝图。**想想未来自己想成为什么样的人，越具体越好，具体到它足够具有吸引力。比如，你的孩子想去读北京大学，就让他在假期走进北京大学的校园；你想要毕业后去互联网大厂，就趁着开放日参观一番；你想要写小说，你就去看看纪录片，观察小说家是怎么生活的……

总之，你把蓝图放在眼前，诱惑力就更大了。

接下来怎么办呢？你会自然而然地开始计划，每一步需要做什么，具体应该怎么做，然后以终为始去设立 5 年计划，直到你完成这个目标。

别忘了，5 年其实很快，不信你现在思考一下 5 年前的你在做什么？你会发现白驹过隙，时光如梭。现在的你，是 5 年前自己期待的样子吗？

# 069

## 放大影响圈，而不是关注圈

**人有两个圈，关注圈和影响圈。**

所谓关注圈，就是你能关注到的事情，你的时间跟精力放在哪些事物上，那就是你的关注圈。每个人都有格外关注的事情：健康、子女、事业，包括你买的基金、股票、娱乐新闻、八卦，都是关注圈的一部分。关注圈内的事物，有些可以被掌控，有些不能被掌控。

比如，有些国家大事，你掌控不了；明星八卦、名人离婚，你也无能为力。但在你的影响圈里，有许多你可以把握的东西，如学习技能、拓展人脉、提升健康等。

我们可以通过观察一个人的时间和精力集中在哪个圈子，就能判断他是否积极主动，以及他未来是否可能成事。

**积极主动的人专注于影响圈。**他们专注于自己力所能及的事，关注自己可以影响的事情。他们的能量是积极的，因此影响圈不断扩大，能量也越来越强。

**而那些只关注关注圈的人，往往陷入被动和抱怨之中。**他们把时间和精力放在抱怨、批评环境、讨论别人身上，结果影响圈越来越小，生活越过越被动。

举个例子，我曾经在出租车上跟司机聊天，发现他们知道很多国内外大事，谈论着政治、财经，但一边聊一边抱怨生活艰难，结果呢？他们的生活始终没什么变化，因为他们没有把精力放在能改变自己的事情上。

相反，那些专注于影响圈的人会更有希望。比如，一个人可能一开始只关注自己的学习，后来影响圈扩大到事业、家庭，甚至是整个行业。这种人越做越好，最终带动身边的事物也变得更积极。

所以，当你发现自己每天抱怨、感叹，却没有实际行动时，请及时停下，反思一下：你关注的这些事情，真的能带来改变吗？

即使在100年前，卡夫卡在日记里也写下了这么一句话：**“今天，德国进攻俄国，世界大战开始了。下午，游泳。”**

你看，这就是积极的影响圈和无用的关注圈之间的区别。

# 070

## 用子弹记录法，击中每一个目标

子弹记录法（Bullet Journal），**简单来讲就是用符号标记清单中的事项。**这个工具是由赖德·卡罗尔（Ryder Carroll）发明的。他早年被诊断出有学习障碍，为此他发明了这种简单而聪明的方法来帮助自己保持专注和高效。

**子弹记录对抗拖延症极其有效。**今天就给大家介绍一下它的用法。

### 你需要准备什么

只需要一支笔和一个本子，就可以开启这项记录法了。如果你更喜欢数字化，也可以使用相关的 App，如“微笑 to-do 自律打卡计划”。

### 结构和符号

首先，你要确立一个主题，如“每日记录”“本月计划”或

“未来 1 年计划”。

其次，将内容分为 3 类。

- 笔记：记录你不想忘记的事情或灵感。
- 事件：你经历过的事情。
- 任务：需要完成的事情。

在记任务或笔记时，用一些简单的“子弹符号”来标记。

- √：完成的任务。
- ×：未完成的或失败的任务。
- B：老板安排的任务。
- ❤：老婆安排的重要任务。
- 666：自己主动想做的事情。

这样做有两个好处：

- 清晰索引：通过符号，你可以快速找到特定的任务，如太太安排的事只要扫一眼有❤的条目即可。
- 防止遗漏：有哪些事情还没做，一目了然，避免遗忘重要事项。

## 子弹笔记的核心符号

- ·：一条具体的任务或子弹，如今天的待办事项。
- ×：已完成的任务或事件，打上 × 后表示你搞定了。

✦ >：向右箭头表示任务被推迟到以后某个具体日期，并将其誊写到月度或年度计划中。

✦ <：向左箭头表示任务今天无法完成，也不确定具体时间，可以放入“未来计划”中，稍后再查看。

### 例子：每日任务清单

- 早起跑步 30 分钟。
- 回复老板邮件。
- 太太提醒的购物清单❤。
- 明天提交 PPT 报告。

一旦某项任务完成，你就在前面打个“×”，未完成的任务则用箭头符号推迟或重新安排。

### 子弹记录法的优势

✦ 灵活高效：它不像固定的日历那样死板，你可以根据当天情况灵活调整任务。

✦ 集中注意力：每条“子弹”都是你当天的目标，不会被无关紧要的事情分散精力。

✦ 简洁直观：用符号代替复杂描述，让你一眼就能看到哪些事情完成了，哪些事情还在等你解决。

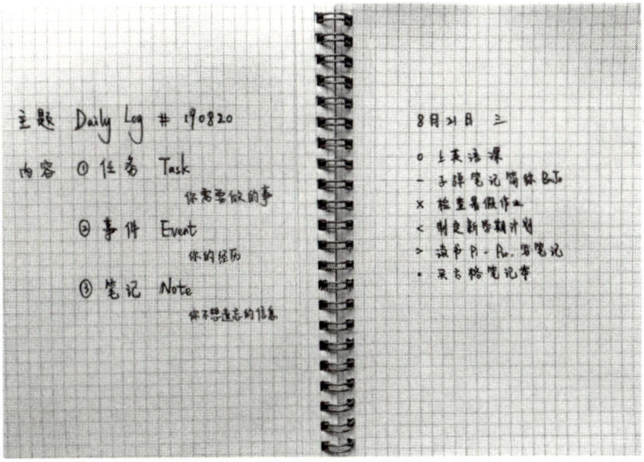


## 数字化选择

如果你喜欢用数字工具，可以试试推荐的 App“微笑 to-do 自律打卡计划”，可以直接在手机上标记任务，并设置提醒。

**子弹记录法让你更轻松地管理时间，像子弹一样，直击每天的目标。**

# 071

## 找个助理，把时间花在值得的事情上

当你的工作逐渐有了原始的资本积累后，就没必要事事亲力亲为了，**可以尝试找一个助理，帮你处理琐碎的事务。**助理分为两种：**脑力助理和体力助理。**但要记住，外包的原则依旧是——请人做事的费用，要低于你自己在同样时间内能创造的价值。

当然，大多数人可能不需要专职的助理，只是需要有人帮忙完成一些日常事务。这里有几个关于请助理的方法，这是我花了不少“学费”总结出来的经验。相信我，我辞了好几个助理后才意识到找个好助理很不容易，但这是有方法论的。

- **请喜欢你的人，而不是你喜欢的人。**你喜欢的人往往贵，还不好用，**而喜欢你的人会自发地帮你把小事做到极致。**他们会愿意在细节上给你更多帮助，因为他们更有动力想要表现好。

- **请懂互联网的外地人，而不是一线城市的人。**大城市生活成本高，房价、物价等都会变成你的开销。外地的小伙伴成本更低，而且很多人的能力不输一线城市。比如，我的新媒体运营和剪辑小伙伴几乎都不在北京，但他们的工作效率和成果都很好，而且还不贵。

- **如果可以请兼职，不要请全职。**除非你的任务量已经大到需要每天有人帮忙完成，否则没必要请一个全职助理。**兼职模式更灵活，既能节约成本，也能根据不同需求灵活调整人手。**
- **能用 AI 解决的，就别用人。**只要是人，就有情绪、心情，难免状态起伏不定。但 AI 没有这些问题，**无论是凌晨还是清晨，它都能随叫随到，且高效、不犯错。**如 ChatGPT 能帮你快速生成内容、整理信息等，能让你在短时间内完成大批任务。
- **投资高科技产品，能省事又省心。**我买过最“奢侈”的一款耳机大概 3700 多块钱，很多人说我是“被割韭菜”了。但这款耳机彻底改变了我的生活。每次实在去不了的会议，我只需要把耳机放进会议室里，它就能自动识别谁在说话、生成语音转文字记录，甚至能帮我生成会议纪要。这样，我不用浪费时间亲自去开会，也能及时掌握重要信息。

找助理不是为了花钱，而是为了节省你用在低效事务上的时间。**把时间花在值得的事情上，才能让你走得更远。**

# 072

## 找个阿姨，给生活减负，让时间增值

我在北京生活了 10 多年，生活状态变化最大的一次，是 5 年前请了个阿姨。

这位阿姨帮我打扫卫生、做饭、整理日常琐事，她的存在让我的生活质量和工作效率都提升了不少。至少我有了两个变化：

- 每天早上，她按时叫醒我、给我做早餐，我就能准时进入写作状态，一上午能轻松写两千字。
- 以前常吃外卖导致胃病复发，自从阿姨每天做家常饭后，我的胃病奇迹般缓解了。

中国城市化的发展给了很多农村阿姨进城工作的机会，其中很多阿姨在育儿、做饭、家政等方面都非常专业，甚至超过了很多年轻人。

阿姨的类型也很丰富：

- 育儿嫂；
- 做饭阿姨；

- 育婴师；
- 住家保姆；
- 月嫂；
- 老人护理师、推拿师、早教阿姨等。

你可能想不到，现在很多阿姨是“90后”，甚至有留学背景和学前教育专业的学历。所以请阿姨不仅仅是雇用一个人，更是为你节省时间、提供专业支持。

阿姨能帮我们很多忙，比如：

- 减少生活压力。
- 为你节省时间，做更重要的事。

此刻，我在写稿，阿姨正在厨房做饭，写完这节课，我准备好好地感谢她——要不是她帮我省下这段时间，我可能还在厨房纠结晚餐吃什么。

# 073

## 找个跑腿，省力也省心

跑腿服务就像你的“分身”，它能让你不出门就能完成送花、递文件、取快递等事情。尤其是现在各种跑腿 App 的普及，让效率提升了很多。

跑腿服务的应用场景非常广泛：

- 给女朋友送鲜花、生日蛋糕；
- 给爸妈寄礼物；
- 帮忙送重要文件、合同、身份证；
- 下雨天送早餐、外卖、咖啡；
- 大件行李寄回家。

2023 年，有一天我因为某种原因滞留在北京朝阳区，无法回家。当时我叫了个闪送小哥，他问：“你闪什么？”我笑着说：“我闪我自己。”于是他载着我回了家，瞬间感觉这个世界真的太方便了！

跑腿不仅是“腿的延展”，也是“手的延展”。无论是帮你拿、寄还是送，它都能帮你节省体力和精力，让你把更多时间投入到更重要的事情中。

推荐我常用的几款跑腿 App：

- 达达快送；
- 闪送；
- 顺丰同城急送；
- 美团配送；
- 蜂鸟跑腿。

请记住，节省体力和时间就是让你的人生有更多的“资本”去创造新价值。

# 074

## 复制时间，就是创造无限可能

有个法则很简单：想赚更多的钱，就要学会复制自己的时间。因为人的时间本质上有限，一天只有 24 小时，靠单纯卖时间，永远达不到财富自由。

举个例子，打工就是典型的一次性时间交易。你把时间卖给公司，赚取固定工资，但时间一旦用掉，钱也就到此为止。如果你想跳出这个循环，就得学会复制自己的时间。

怎么开始复制呢？

**最好的方式就是写作。**

写作是一个高效的时间复制工具，它能让你的一段时间的工作成果被反复利用。你写下的内容可能最初只有几个人看，但只要内容足够好，就能被更多的人看到，甚至成为未来的长期收入来源。

- 一本书不是写给某个人的，而是给成千上万的读者；

- 一篇文章不是自己看着收藏，而是让无数人读到它；
- 一堂课录制下来，可以反复售卖；
- 一条短视频，永远有人愿意在不同时间观看。

举个我的例子，时间管理这门课就是我时间复制的成果。虽然我为了编写这门课付出了不少时间，但一旦完成，未来会有更多人来学习，时间效应就被无限放大了。

**要如何放大你的时间效应，先要看你做的事情能否被复制？**

- 如果可以复制，那么这段时间将会越来越值钱。
- 如果不能复制，你就只能依靠卖时间赚钱，局限太多。

**思考一下，如何将你的工作或技能变成可复制的“作品”，这才是提高时间价值的核心。**

# 075

## 别买日历，让生活摆脱“撕”的束缚

每年七八月份，总有出版社朋友来找我推他们的日历产品。坦白说，我从来没买过日历，也不喜欢用。为什么？因为我早就意识到撕日历是一件既低效又浪费时间的事。

一开始，我很有仪式感，每天都撕一页，觉得自己在“仪式”中更有节奏感。但总有某一天，如出差或事情太多时，日历就停在那一天，久久未被撕下。然后，等你再想起来时，可能要一次性撕掉好几个月的时间——看着厚厚的日历纸堆成山，真的是食之无味，弃之可惜。

很多人也有类似的经历，最后，日历不仅没有提醒你珍惜时间，反而成了一堆无法处理的废纸。

我问过出版社的老朋友，他们为什么每年都坚持做日历？答案很简单：“日历是必需品。”我看着他们的秃顶，明白了对上一代人来说，日历确实代表了某种习惯和安全感。

但对我们这一代来说，完全没有必要。**手机日历、电子提醒**

**已经完全取代了纸质日历，而且更高效。**

我的建议是：

- **用电子日历代替纸质日历。**手机上的日历不仅能自动提醒你事情，还能标注重要事件，甚至和其他人共享安排，比撕纸方便太多。

- **拒绝无用的“仪式感”。**有些“仪式感”本质上是浪费时间。如果一个行为不能真正提高你的效率，那它就是负担。

- **跟上潮流，让生活变得更智能。**现代科技给我们提供了很多工具，如 Google 日历、Outlook、手机自带的日历提醒功能，它们让你的时间管理更加精准。

日历已经过时了，让它退出舞台吧。节省下来的时间，足够你做更多有价值的事情。

# 076

## 定期数字戒断，找回专属于你的时间

那天我读了一本叫《唯有书籍：读书、藏书及与书有关的一切》的书，里面提到一个有趣的概念：**未来，中下层人会被手机牢牢绑住，而上层人会远离手机，走进自然，或者捧起纸质书。**

这句话让我开始反思，虽然我不是什么上层人，但我至少想在生活中摆脱手机的控制。所以，从那时起，我每周至少安排一次远离手机的“数字戒断”。

现在的人类被屏幕锁住了太多注意力。电子产品本是为了方便我们生活，但无数人却成了手机的奴隶——时时刻刻刷信息、看热点、回消息，注意力被分散得七零八落。凯文·凯利曾说，未来的人类必须学会“屏读”，意思是我们被迫从屏幕上获取信息。

但如果我们不定期让自己远离屏幕，注意力会慢慢被消耗殆尽，时间也会逐渐变得没有质量。

我建议你像我一样，每周至少有一次远离手机，哪怕只是简单地在公园里散步发呆，捧起一本纸质书，或者独自去看一场日落。把注意力从外界的纷扰中抽离出来，放回到自己身上。

相信我，你会重新找到平静和灵感。

# 077

## 时间弹性远比时间管理重要

如果你有两份工作可以选，一份工作朝九晚五，每月月薪1万元；另一份工作每天只用四五个小时，每月月薪5000元。你会选哪一个？

我会选后者。因为时间的灵活性比薪水更有价值。

很多人谈时间管理，但他们忽略了更核心的一点——时间管理无法让你变自由，只有时间弹性才可以。如果你的工作要求你必须在线、必须在位，甚至无法自由分配时间，那么即使你会时间管理，你的生活依然受限。

时间弹性意味着更大的反脆弱性。当生活中出现突发状况时，一个有弹性的人能够从容应对，而没有弹性的人会手忙脚乱，毫无应对之力。

我在新东方教育科技集团有限公司时，喜欢它的弹性，一周只有周末忙碌，其他时间都属于自己。后来转型做在线教育，可以随时随地给学生上课，不受地点的限制。再后来选择写作，任何状态好的时候都可以自由创作，将思想分享给更多人。现在，我可以生活在任何一个地方，只要打开电脑，我就能写出东西。我喜欢这样的工作。

无论我做什么，底层逻辑始终只有一个：时间弹性够大吗？

如何判断自己的时间弹性呢？我也有一个方法论：

- 看你的生活里有多少“不得不”的事情。
- 如果“不得不”的事情很多，说明弹性不足；如果很少，你的时间就相对自由。
- 如果你能有3种或更多的收入来源，你就能让时间更灵活。

所以，我建议你发展副业，建立多个收入来源，通过互联网接触更多的人和资源，给自己创造更多的选择和可能性。

**时间弹性就是生活的自由度，让你掌控自己的节奏，而不是被生活推着走。**

# 078

## 做离截止日期近的事，效率才不会“短路”

几年前创业时，我手头正忙着写书。突然同事打来电话，说需要我做一套教研的练习题，还要附上答案和解析。此时我面临一个选择——是先放下手头的书，还是去处理新任务？

遇到这种情况，你该如何抉择？

我当时的解决办法是直接问同事：“最迟什么时候要？”

他说：“两周内。”

我回答：“好。”然后继续专注写书，因为这本书的截稿日期是第二天。

这也是时间规划的一条核心原则：做离截止日期更近的事情。

- 截止日期更近的事情意味着更重要。时间越逼近，失误或拖延的后果越严重。
- 截止日期更近能够激发出更高的效率。很多时候，人们会在最后期限到来前的几天集中爆发创造力。

当然，我并不提倡所有事情都拖到截止日期才开始做——这样虽然效率高，但会让你无法从容，甚至影响最终质量。因此，养成提前规划、分阶段推进的习惯，能让你更轻松地交出满意的成果。

# 079

## 提前问会议主题，避免时间被“会”掉

在进入任何会议之前，请你一定要问清楚：“这次会议的主题是什么？想达成什么共识？”

没有目的的会议是时间黑洞，能让你被“会”到怀疑人生。

- ✦ 如果你要发起一个会议，记住一个黄金法则：除非绝对必要，永远不要设置超过30分钟的会议。
- ✦ 如果一个会议超过30分钟，通常说明会议发起者准备不足。更严重的是，如果一个公司经常开超过1小时的会议，它很容易陷入官僚主义和低效循环。

为了避免浪费时间，请参考以下会议清单：

- **目标明确：** 每次会议都要有一个清晰的目标，如“解决问题X”“讨论方案Y”“确认进度Z”。
- **提前议程：** 如果会议超过30分钟，必须提前下发议程，

列清讨论的关键点（如 1、2、3、4 项），并明确时间分配。

- **优先重要事项：** 如果会议时间长，可以先处理重要内容，确保关键议题讨论完毕后允许与会者提前离席，后续通过会议纪要补充。

- **准时开始、准时结束：** 会议时间严格控制，30 分钟到点结束，特殊情况也应在 1 小时内解决。

会议成本是实打实的，别以为开会只是聊聊天，会议成本 = 会议时间 × 参会人员 × 每人时薪。

比如，一个部门有 8 个人，每小时工资 100 元，如果开 1 小时会议，就等于消耗了 800 元公司成本。这样“看不见的损耗”每周累计下来，都是一笔惊人的开支。还记得上学那会老师曾说的那句话吗？“你浪费一分钟，我们全班就浪费了 60 分钟。”——会议成本也是同样的道理。

所以，进入会议前，请务必先问清楚会议的价值，否则就别进去浪费自己的时间。

# 080

## 命好不如习惯好，真正改变命运的是日复一日的坚持

这句话是我挂在嘴边的名言，很多读者也因此受益。无论你多么想提高效率、提升时间管理能力，都不如从现在起养成一个好习惯。其实，“好运气”往往不是靠拼命努力，而是靠日复一日的好习惯积累出来的。

很多人总觉得我为什么可以写出这么多作品，是不是我特别聪明，或者特别努力？其实都不是。我只是养成了一个简单的习惯——每天早上写 2000 字，从不间断。如果哪天写不了，我第二天就补上。但因为第二天补上 4000 字会很痛苦，所以我还是坚持每天写 2000 字，这样一年一本书自然就出来了。虽然有些写得不好，但写得多了，终会有好的作品。

习惯的力量在于，它让你不需要动用意志力或多巴胺的驱动。它会像呼吸一样自然，成为你生活的一部分。

心理学中，有一个关于习惯的经典公式：行为 + 反馈 + 奖

励。比如，饭后抽一支烟就是一种习惯——你抽烟是行为，烟雾缭绕的感觉是反馈，尼古丁带来的满足感就是奖励。

那怎么改变坏习惯呢？

很简单——在行为和反馈之间插入一个“意识”。这个新公式变成了行为 + 意识 + 反馈 + 奖励。

例如，饭后你突然想抽烟，这是行为，你可以意识到“我又在进入坏习惯了”，然后立刻打断它，换成做两组俯卧撑，或者给家人打电话，进入新的反馈。当你完成这个新动作时，你会感到自豪，身体分泌出内啡肽，获得正向反馈，从而替代了抽烟的奖励。

一般来说，坚持一到两周就能逐渐形成新的好习惯。

# 081

## 上班偷时间，为梦想埋下种子

我给你讲一个大作家的故事。他叫詹姆斯·凯尔曼（James Kelman），1994 年，凭借作品《为时已晚》（*How Late It Was, How Late*）荣获布克奖。但他的成功并非一蹴而就——早年，他只是一个普通的打工人。

**他的逆袭秘诀是“偷时间”。**

詹姆斯·凯尔曼说，他每天早上 5 点半到 7 点之间，是他最重要的时间段。这段时间，他全部用来写作。他解释道：“我之所以这样安排，是因为每天早上 8 点开始，我就要处理那些无休止的工作事务。等到晚上回到家，我已经累得无法做任何事了。”

他说了一句特别重要的话：“我在偷时间。我把最好的时间留给自己，而不是卖给老板。”

1973 年，他出版了第一部短篇小说集，经过 21 年的努力，他终于以写作为生。

他的故事给了我很大的启发：大多数人把所有的好时间都交给公司，自己只剩下下班后疲惫不堪的状态。但是，你有没有想过，公司确实买了你的时间，但你依然有喘息的空隙——开会、抽烟、等文件、排队买早餐……这些碎片时间，你可以“偷”回来，积累起来为自己的梦想服务。

怎么偷时间？这是他的方法，当然，和我们之前写的也有异曲同工之妙。

- **清晨高效时间不浪费：**早起半小时，留给自己的爱好或成长。
- **上班间隙时间“见缝插针”：**利用碎片时间写下一段大纲、记几个单词或整理思路。
- **午休时间安排小目标：**短时间内完成一件事情，如看几页书、回复重要邮件或计划下午的安排。

记住，每一个被你“偷”回来、用在梦想上的时间，都会成为你未来收获的种子。

# 082

## 做感兴趣的事，效率才能翻倍

把生命用在热爱的事情上，才不是浪费。但可惜的是，很多人每天忙忙碌碌，做的事情却并非自己喜欢的，结果事倍功半、效率低下就成了必然。

**要知道，你的效率和兴趣是成正比的。**当你喜欢一件事情时，你不需要别人催，自己就有动力去做；但如果你讨厌某件事时，甚至起床去面对它都成了一种煎熬。

所以，如果你现在正处于空档期，没有工作，不要急着随便找一份工作。

你可以先想明白——你喜欢什么？你想要什么样的生活？如果实在没有思路，也可以大胆试试创业。

李开复曾说过：“如果面对我没有兴趣的事情，我可能会花 40% 的时间，却只能得到 20% 的效果；如果遇到我感兴趣的事情，我可能会花 100% 的时间，但能得到 200% 的效果。”

那假设你现在的工作让你讨厌到无以复加，怎么办呢？我有两条建议：

- **试着在工作中寻找亮点。**《喜剧之王》里，张柏芝教其他小姐说："要学会欣赏客人。他鼻子丑就看他的眼睛，眼睛丑就看他的嘴巴。" 其实，这句话放在工作里也成立。如果你暂时没有能力找到自己真正喜欢的工作，不妨试着在现有工作中寻找一些自己喜欢的部分。

比如当年，我不喜欢教英语课，但我喜欢上课时讲段子，喜欢和年轻人交流，喜欢看到学生眼睛里闪烁的希望。于是，我就在这些亮点中寻找乐趣，这让我渐渐喜欢上了这份工作。

- **告诉自己这是暂时的，并设立一个离开的目标。**告诉自己，"我现在在这里，只是为了先度过生存期。" 给自己设立一个清晰的目标和期限，如"30 岁之前，我一定要换到自己热爱的行业。"当你有了这样的时间节点，你的每一天都会变得更加高效，因为你知道所有的努力都是在为未来铺路。

所以，无论你现在喜欢与否，只要方法对了，你总能找到坚持下去的理由，直到最终找到真正让你心动的事情。

# 083

## 饭局有讲究，别让时间浪费在无意义的餐桌上

有一本书叫《别独自用餐：85% 的成功来自高效的社交能力》，书里告诉我们，吃饭时可以跟别人交流，这样能够节省时间、增加价值。但俞敏洪曾在演讲中提到，他每次吃饭都不超过 15 分钟，觉得拖得太久反而难受。这两种观点看似矛盾，其实一点都不冲突，关键是看你如何定义“吃饭”这件事。

### 一个人的饭局，应该高效独处

如果你只是为了吃饭，那就专心吃饭。一个人吃饭最大的好处是效率高，能让你安静下来，专注于当下，并且有时间思考。如果你把这段时间浪费在东拉西扯上，可能饭后只会觉得疲惫不堪，毫无收获。很多大佬，包括俞敏洪、马斯克，独自用餐时都极其高效，因为他们知道，简单的饭局就是为了补充能量，而不是交际场所。

## 多人饭局，可以高效谈事，但别拖延

如果你为了谈事而组织饭局，那么就让这顿饭有明确的目标和计划——就像开一个轻松的午餐会。餐桌上的环境相较于办公室更加温暖，也有利于缓和氛围、解决分歧。但需要注意的是，这种饭局最好控制在 3 ~ 4 人之内，超过 5 个人，基本上效率会迅速降低，最后可能会变成一场没有任何结果的聚会。

## 如何区分“高效的饭局”和“无用的饭局”

- **如果是为了吃饭，就尽量一个人吃，别搞复杂。**一个人的饭局简单、高效，吃完就走，不用浪费时间应酬，也能在安静中梳理思路。

- **如果是为了谈事，选择少而精的饭局，别超过 3 ~ 4 人。**小规模的饭局容易集中讨论核心问题，不容易跑题，彼此之间也更容易建立信任感。

- **避免无目的的饭局。**那些超过 5 个人的饭局通常效率低下，往往只是寒暄、喝酒、社交，最后什么正事都没谈成，既浪费时间，也损耗精力。如果你发现自己经常参加这样的饭局，最好逐渐减少，避免时间被无意义的社交掏空。

- **迷茫期，可以多参加“弱关系”饭局。**如果你正处于迷茫期，对现状不满，又不知道下一步该干什么，可以试试每天至少安排一顿“弱关系”的饭局。弱关系是指那些和你不是特别熟悉，但能够带来新信息和新资源的人。你可以从朋友圈或通讯录里挑一个你觉得顺眼的人，主动请他吃饭。

为什么弱关系重要？因为很多新的机会、新的灵感，往往来自那些看似无关的人。强关系的人与你的圈子和信息基本重合，而弱关系能带来完全不同的视角，有时候就是这样一顿饭，让你发现了新的方向和突破口。

**总之，吃饭这件事，要分场合、分对象。**

- 一个人的时候就高效吃饭，别浪费时间；
- 为了谈事时，少而精的饭局是关键；
- 遇到迷茫期，主动联系弱关系，找机会突破自己。

别小看一顿饭，它能浪费你的时间，也能帮你找到人生的机会，关键在于你怎么利用它。

# 084

## 养成文字回复的好习惯，时间值钱才值得被尊重

在工作中，我特别讨厌那些张口就发长语音的人。尤其是那种，每一条语音都恰好是 60 秒。这类人你有没有遇到过？这类人一开口就发好几条信息，让你不得不一条条点开听完才能明白他的意思。遇到这种人，我的第一反应通常是直接无视。

你可能觉得我太苛刻了，但实际上，发语音确实会拉低沟通效率。文字回复才是高效沟通的标配。

### 为什么要养成用文字回复的习惯

- **语音信息容易打乱思路，文字更直观、更可控。**尤其在需要回顾和查找时，语音要重新听，效率极低，而文字可以一眼扫过。试想一下，当你在处理十几条 60 秒的语音时，是不是比读一段文字费时很多？
- **语音会显得不够严谨，容易被认为不专业。**在工作场合

中，文字记录是标准化的、高效的。如果你在工作中频繁使用语音交流，别人可能会觉得你不够严肃、不够靠谱。尤其是群聊中，如果大家都在发语音，场面只会越来越混乱，最终谁也不知道在说什么。

- **语音容易造成尴尬局面。**我见过最尴尬的场景，就是两个人在 500 人的工作群里用语音吵架。每一条语音都是 60 秒，一条接一条地发出来。我们在群里的其他人，不知道该不该听，也不知道听了之后要不要回应。看着那一堆红点，忍不住想点进去，但听了又觉得毫无意义。

### 如何正确高效地用文字或语音沟通

- 正常情况下，坚持用文字回复。无论是工作群还是一对一对话，尽量用文字沟通。你说的每句话都能清晰留存，方便对方回顾和处理。
- 如果有紧急或复杂的事情，怎么发语音才合适？可以先发一段文字："这事比较紧急，我给您发个语音，方便时听一下。"这样，对方有了心理准备，知道这条语音的重要性，就不会被动地接受无意义的信息。
- 打电话前也要提前通知对方。如果需要更快速的沟通，可以直接打电话。但在此之前，最好先发条信息告知对方："有个紧急的事，能否接个电话？”这样既显得礼貌，也不会打扰到对方的工作节奏。

### 为什么我几乎不接电话

我的手机基本是免打扰模式，只有在看到重要的信息后，我才会主动打电话回去。这样做有 3 个好处：

- 我可以在联系对方之前做好准备，沟通更高效。
- 避免电话突然打断我的工作和思路，减少分心的情况。
- 能有效防止接到诈骗和骚扰电话，保障自己的安全。

那么，亲朋好友会不会不理解你的习惯？其实不会。你只要坚持住，他们就会慢慢接受并尊重你的沟通方式。要知道，只有你自己先认为你的时间值钱，别人才能真正尊重你的时间。

总之，养成文字回复的习惯，少用语音，让沟通效率更高。把时间节省下来，留给真正值得你投入的事情。

# 085

## 专注重要的，才能成就非凡

人到了一定年纪后，要特别注意做减法。这也是大家常说的断舍离，断掉没有意义的念头，舍去不再适用的物品，离开那些消耗你的关系，其本质都是为了节省时间。我曾经写过《三十岁，一切刚刚开始》，我指的“开始”并不是让你 30 岁之后去折腾，而是更应该把时间和精力放在重要的人和事情上。

20 多岁的时候，我们都喜欢做加法，什么都想参与，什么人都想见，什么地方都想去。但 30 岁之后，你需要让自己明确一些、专注一些，只有这样，生命的质量才能提高。

就比如对我来说，原来我特别在乎微博的粉丝，想知道喜欢我的人有多少。现在，我更想做的是服务好那些真正认可我价值观的人，让喜欢我的人更喜欢，仅此而已。我们是人类，但不是一类人。不追求数量，追求质量。

有时候，当你生活遇到了困难，你要好好想想，是不是老天在提醒你做减法。曾国藩生下来全身长藓，一旦病发作，生不如死。每当发病时，他就蹲在有盐水的水缸里，用盐水蜇。但正是因为他染上了这个病，反而让他做减法了：他不能喝酒，不能抽大烟，不能吃辣（他还是个湖南人），不能近女色（身上这样也就告别女色了）。

所以，他每天就在读书、自省，成了一个伟大的人物。

找个时间复盘，看看有什么东西占据你的时间，而你又真的不需要，坚决减少。因为日子越过越少，你需要的，不是更多的参与，而是更加专注。

# 086

## 用 AI 和科学方法读书，让效率翻倍

你羡慕那些读书博主 1 年可以读 100 本书吗？不用羡慕，因为他们只是更会省时间读书而已。你如果每本书都在逐字阅读，自然效率低、效果不好，最重要的是浪费了时间。

其实读书根本不是这么读的。经典书籍《如何阅读一本书》中指出，阅读可以分为 4 个层次，我来跟你详细分享。

**第一层次也是最简单的，叫作基础阅读。**简单来说，就是认字。只要你能把文字读出来，就算达到了第一层。这一层更多出现在孩子身上，他们大声朗读，但不一定理解内容。

**第二层次叫检视阅读。这种阅读方法的关键是 4 个字：有限时间。**比如，你规定在 2 个小时内读完 1 本书，或者在 15 分钟里快速浏览这本书的封面、序言、目录、结尾等重要部分。你可能不会读完整本书，但会迅速掌握大概。实际上，大多数的书只需要读到这一层次就足够了，因为我们阅读很多书并不是为了研究，而是为了增加见识或谈资。很多读书博主的“年读百本”

也大多止步于此。

**第三层次叫分析阅读。**这层次是最费时间的，因为你需要逐字阅读、深入理解，并反复思考、查资料。这是把书“读厚”的阶段，需要花费大量的时间和精力。只有极少数值得深入探讨的书需要进入这一层，如经典名著《红楼梦》。如果你在每一本书上都使用这种方法，读书会变成一种负担，效率也会很低。

**第四层次叫主题阅读。**这一层是最专业的阅读方法，适用于深入研究某个主题的人。你需要找到与某个主题相关的所有书籍，无论是纸质版还是电子版，在几个月甚至半年内逐一读完，去寻找书与书之间的联系、观点之间的矛盾，并形成自己的见解。如果你曾经历过一次系统性的主题阅读，你会发现自己在某个领域的知识储备会显著提高，这也是许多领域专家的成长路径。

当然，现在我们也可以利用 AI 去辅助阅读，让阅读效率更高。如通过 AI 的速读功能或者知识整理工具，可以在短时间内获取一本书的核心内容。这就像过去的达官贵人家里有读书郎，而现在每个人都可以拥有一位 AI“读书郎”。你不用逐字逐句地啃，AI 会帮你总结、提炼，甚至针对重点章节做出推荐，让你在短时间内抓住精华，腾出更多时间去做更有深度的阅读和思考。

所以，无论是科学方法还是借助 AI，我们的目标始终是——高效地吸收有用的知识，而不是埋头读完每一个字。

# 087

## 花钱找对专家，省下更多时间和金钱

你不能不承认，术业有专攻，每个人都有自己的强项和弱项。你不可能在每个领域都成为专家，**于是利用别人的长处来弥补自己的短板，成了高效的时间管理方式。**

过去我们讲“木桶理论”，认为短板决定了你能盛多少水。但如今，你可以把木桶横着放，用别人的长板接住更多的“水”——这才是智慧之举。

找专家，节省时间，就是其中的关键。隔行如隔山，你可能需要花钱请专家，用金钱换时间，避免走弯路。当然，如果你有足够的资源和人脉，也可以通过关系找到靠谱的“免费专家”帮助你，但请记住，不要长期依赖免费的资源。

举一个发生在我身上简单但令人深刻的例子。有一次我们公司在做业务规划时，前期一直靠自己摸索，进度缓慢且问题重重。后来我们咬咬牙花了 5000 元请了行业顾问开了一次私董会，结果非常惊艳，短短 5 个小时就帮我们理清了所有思路，业务规划精准到位，那一年公司的收入直接翻了好几倍，赚回来的钱远超 5000 元的成本。

你可能会问，为什么花钱请人这么重要？因为专业人士就是知道你不知道的“弯路”和“捷径”，能让你避免浪费时间、精力甚至金钱。说句实话，他敢收你的钱，又不怕你说他诈骗，说明他真有东西。

还有一个例子，我的好朋友《铁齿铜牙纪晓岚》的编剧汪海林曾透露，他们找群演时，一开始预算低，每天只给群演 100 多元工资，结果演员的表现非常差，镜头效果不好。后来提高到一天 300 元，演员不仅更专业，连外貌和表现都大有改观。**有时候，成本提高一点，结果会完全不同。**

那么，怎么判断这个专家值不值得信任？有两个关键点：

- 确认对方是有实战经验的行业专家，有交付结果和成功案例。那些在理论上滔滔不绝但缺乏实际操作的人，大概率不能带你走得更远。
- 不要总想着“免费”或“白嫖”，因为免费的往往才是最贵的。你省下的钱，可能会让你花更多时间弥补那些不可挽回的损失。

所以，当你需要解决问题、提升能力、加速某项任务时，不妨果断地投资在对的人身上。这种时间的“杠杆效应”将帮你节省数倍甚至数 10 倍的时间成本，让你的每一步都走得更稳、更快。

# 088

## 记录一切，让搜索和 AI 成为你的第二大脑

从 18 岁开始，我就养成了写日记的习惯，每年都会写满两本笔记本。到了二十三四岁时，笔记本不够用了，开始“折腾”电脑。每台电脑都被我用到存储空间满格，键盘也常常被敲坏。每次换电脑时，最痛苦的事就是搬数据、拷贝文件，那时经常会丢东西，丢掉的那些宝贵记录让我心痛不已。幸好后来有了云端存储，这才让我摆脱了困境。

如今，我的所有写作素材、日记、灵感、笔记都在云端，随时可以搜索到。我经常感谢那些发明云存储和搜索功能的人，因为它们让我的大脑“扩容”了，甚至变成了第二个记忆库。

有人问我，你为什么能写出这么多东西，怎么脑子里能装下那么多信息？其实不是我记得住，而是我知道怎么找。我的大脑只负责存储关键词，然后把其他的事情交给电脑和 AI。

就像现在，我在写这篇文章时，只需要在云端搜索“搜索力”这个关键词，过去所有与之相关的记录、灵感、引用都会自

动浮现。而如果是遇到记不清或需要进一步理解的知识，我直接打开 ChatGPT 等 AI 工具，提出问题，就像向朋友请教一样，它会迅速给出答案和分析，甚至还能补充我遗漏的部分。

AI 的存在让“搜索”发生了革命性的变化。过去我们在文件夹里苦苦查找某段笔记，如今只要描述一个大致的想法，AI 就能帮你整理、总结，甚至引申出新的观点。可以说，它已经不仅仅是工具，更是知识的合作者。

所以，你也可以试试这个方法：

- **随时记录灵感。**当你有任何值得记录的想法、见解或感悟时，立刻拿出手机记下来。无论是在路上还是开会中，只要有想法，先存到云端，等需要时再整理。
- **短小精准的关键词。**给每一段记录起一个简单、容易记住的名字，最好是核心词，如“面试技巧”“写作灵感”“时间管理”等。关键词越短越好，短到你一秒钟就能想起。
- **善用搜索与 AI。**当你需要某段灵感时，不需要绞尽脑汁回忆所有细节，直接在云端输入关键词，过去的积累自然就会出现。而如果想快速解决问题或扩展知识，直接问 AI，它不仅能帮你找到已有的答案，还能根据你的需求进行重新整合。

记录和搜索，其实就是外包你的部分记忆和思考到“数字大脑”中。AI 改变了搜索的本质，它不仅能帮你快速找到答案，还能在你需要时充当灵感的引爆点。让它成为你的“数字合作者”，将琐碎的记忆和知识交给它，你的时间会更加高效，思维也会更加自由。

# 089

## 准时下班：高效工作才有资格享受生活

准时下班是时间管理中一个重要的信号，意味着你真正掌控了自己的工作和生活。那些准时下班的人，不是因为任务少，而是他们知道如何高效利用每一分每一秒。而那些看起来总是在加班的人，往往是因为他们工作效率低下，用拖延和无效勤奋填补时间，看似努力，实则事倍功半。

山梨广一在《终结低等勤奋，麦肯锡精英教你有用的努力》里说过："想把事情做完，最简单的方法就是准时下班。"因为当你知道下班是不可推迟的事情时，你会倒逼自己提高效率、优化流程、拒绝无效会议和无意义的任务。

比如，当你知道必须在5点半之前离开办公室，你会开始重新审视一整天的工作安排，把低优先级的任务删掉，把重要任务集中在高效时段完成。这种压力反而让你更专注，进入"紧要关头"的高效模式。

很多加班爱好者早上晃荡着喝茶、刷手机，中午社交，下午拖延，等快下班时才“突然进入工作状态”，忙得不亦乐乎。这种“回光返照式的爆发”不仅拖垮了他们的生活，还让他们看似勤奋却难以产出真正有价值的成果。

准时下班，是你对自己时间的尊重，也是你拥有高效工作的能力证明。别做办公室里无用功的苦行僧，工作是为了更好的生活，而不是占据生活的全部。下班后陪陪爱人、看看话剧、和朋友小酌一杯，这些才是让你保持持续动力的源泉。

# 090

## 想好结束语：用优雅的告别节省时间

见面容易结束难，尤其是那些应酬、商务拜访或朋友聚会，常常容易陷入“意犹未尽”或者“尴尬冷场”的局面，谁也不知道什么时候该结束、该怎么开口离开。为了节省彼此的时间，我早就养成了一个习惯：在见面之前就想好离开时的结束语。

结束语的作用，不只是为告别提供了一个借口，更是为了把这段交流画上一个清晰的句号，既不显得仓促，也不会让人感觉被打扰。不同场景可以有不同的结束语，比如：

- 遇到长辈：那您注意身体，今天不打扰您了，下次我再来拜访。
- 遇到创业者：不耽误你的时间了，我先走了，有什么需要我帮忙的您说。
- 遇到当爸妈的朋友：今天我先走了，下次有机会我去家里见见外甥。

◆ 遇到特别好的朋友：留步啊，下次我来安排，去我那里坐坐。

有些人见面不愿意提前想好结束语，结果尬聊起来谁都不知道该怎么收尾。还有些人即使话题聊完了，也不愿起身告辞，反而越坐越尴尬。这样的行为不仅浪费自己的时间，还会给别人留下没有效率、不懂得管理时间的印象。

我在创业初期，每天要见好几拨人，为了提高效率，我特意在办公室里弄了个茶室。当时经常有人赖着不走，尤其是那些聊到一半就侃大山的，严重影响我的工作进度。**后来我发现，一句简单的结束语可以改变整个节奏，比如“行，今天要不这样？”**对方一听，基本上就懂了。

结束语是谈话的闭环，代表你已经得到了需要的信息或达成了预期目标。它不仅是一种沟通技巧，更是时间管理的关键部分。下次见面之前，提前想好离别的方式和结束语，你会发现每一场会面都变得更高效、更优雅。

# 091

## 在家办公时穿上袜子：改变“场”，才能改变状态

工作要有工作的场，学习要有学习的场，如果把卧室当成办公地点，你很容易变成“与床为伴”。那些在宿舍学习总想睡觉、在家打开电脑总想刷剧的人，恰恰是因为没有找到合适的“场”。

在家办公难免充满干扰，如果还有孩子，这简直是噩梦。我有几位老师朋友，有段时间在家直播上课，孩子就频繁捣乱，他们一边训孩子一边对着镜头讲课，场面一度失控。我的情况也不比他们好多少，直到有一天我做了一件小事：我起床穿上袜子，坐在桌前开始工作。

没想到，袜子竟然改变了我的状态。那一刻，我仿佛坐在公司工位上，思路清晰、干劲十足。接下来的几天，我早上买杯咖啡，穿上鞋子，把卧室打造成一个“书房场”，书桌上摆好笔记本和台灯，模拟出一个真实的工作场合。

果然，“场”变了，我的状态也变了。之后，我在家办公的效率达到了在公司工作的水平。如果你在家办公，建议你也可以试试穿袜子、穿鞋，甚至化个淡妆，让自己迅速进入工作状态。**仪式感，改变的不仅是行为，更是心态。**

# 092

## 要会用 AI：高效工具，是省时的秘密

在 AI 时代，拒绝高科技就是在浪费时间。人类花了数十年才发明 AI，而你不需要花几十年去学习它，只要肯花几小时熟悉它，就能让它成为你的时间助手。

自从我开始使用 ChatGPT，相当于请了一位全天在线的私人秘书，帮我省下了大量时间。而 Midjourney 让我再也不需要依赖设计师，就连书的封面都可以自己完成。Tome（AI 工具）则让我制作 PPT 的速度提升了数倍。我开始意识到，真正会使用 AI 的人，效率能远远超越那些依靠传统方式的人。

以下是 10 个常见的 AI 应用场景，能帮你快速提高效率。

- **旅行规划：** 告诉它你计划去哪、几天几夜、预算和喜好，ChatGPT 能给你多种行程安排，甚至连餐馆和景点都替你安排妥当。

- **帮你读书：** 输入一本经典书籍的书名，它可以快速总结核心内容，如《百年孤独》的关键情节和亮点。

- **介绍历史人物：** 和孩子学习历史时，AI 可以用简单、易懂的语言描述复杂的人物和事件，如让它用 200 字介绍雍正皇帝，孩子也能听懂。
- **编程：** 无论是小程序，还是复杂功能，AI 都能帮你写代码，解决程序错误。
- **翻译：** 双语间切换，瞬间完成翻译，节省了烦琐的人工翻译步骤。
- **文案生成：** 无论是短视频脚本，还是公众号文章，输入你的需求和风格，AI 能帮你生成符合要求的文案。
- **市场调研：** 让 AI 帮你分析行业数据，生成报告，再也不用一家家去调研、找数据了。
- **小说创作：** 输入大纲，让 AI 帮你完善细节、丰富情节，甚至直接生成故事章节。
- **写邮件：** 无论是商务邮件，还是普通沟通邮件，AI 都能帮你组织语句，迅速完成。
- **写周报：** 输入项目进展，AI 会帮你整理出一份清晰、全面的周报。

每一种应用场景都能节省大把时间，但你要做的，是主动去使用、去学习。不要害怕科技，懂得使用它的人，未来会走得更快、更远。新的一年，记得给自己定一个任务：学会用 AI 来优化你的生活和工作。

# 093

## 把个性化的请求变得通用化，时间价值才能最大化

2022年，我在家里困了很久，开始每天用文字陪伴读者，回应他们的困惑。但很快我发现，每封信都针对某一位读者，虽然可以帮到这个人，但这效率太低了。于是我想到一个法则：把个性化的请求变得通用化。

首先，我没有仅仅根据一个读者的问题就给出特别私人化的回答，而是思考其他读者是否也有类似的问题，然后我将回答尽可能地覆盖更多人。其次，我将这些信件公开，发在公众号上，取《干一杯，龙哥》作为专栏名。后来这个专栏越来越受欢迎，甚至有出版社编辑找到我，问我是否考虑将这些内容集结成书。

这背后的逻辑很简单：个性化的问题虽然重要，但当你将它通用化、规模化时，影响力就会爆炸式增长。

这不仅适用于写作和陪伴读者，创业也是如此。扎克伯格最初创建Facebook只是为了方便自己和朋友社交，但后来他发现

很多人都有这个需求，于是他将这项个性化服务通用化，变成了全球规模的社交网络。

所有成功的项目都有这样的共性：一开始是个小需求，解决少数人的个性化问题，随着时间的推移，它被放大到解决大众的普遍问题上。**当你学会将个性化请求放大、复制，你的时间价值就能最大化。**

# 094

## “9090 法则”：最好的时间，做最重要的事情

“9090 法则”是这样一个简单的时间管理方法：**每天早晨用 90 分钟专注做一件未来对你至关重要的事情，持续 90 天，彻底改变你自己。**

无论是健身、写作、学编程，还是研究投资，这段时间里只能专注于一件事。你需要创造一个绝对专注的环境，关掉手机通知，避免任何干扰，进入全力以赴的“心流”状态。

这个法则的底层逻辑是：“最好的时间，做最重要的事情。”

国际大脑教育协会研究发现，大脑在早上 9 ~ 11 点分泌的压力荷尔蒙水平适中，这个时段特别适合高精尖学习或需要高度集中精神的脑力工作。同样的任务如果放在下午或晚上，效率往往会大大降低。

因此，这段时间千万不要浪费在刷抖音、玩游戏、看剧等事情上。因为这不仅会让你错失最佳专注期，还可能让你一整天状态低迷。糟糕的一天通常就是这样开始的——松散、拖延，没有

产生心流。

但如果你在第一个 90 分钟专注做重要的事，90 天后，你会看到自己发生惊人的蜕变。每一个技能、每一个习惯，都是这么一点点培养出来的。

# 095

## 娱乐时定闹铃，并驯化你的设备

你是不是经常有这样的经历：说好刷 5 分钟短视频，一转眼就是 1 小时；打算打一局游戏放松，结果熬了整个晚上。我们可以说要严格自律，杜绝娱乐时间，但其实没有必要。娱乐本身不是坏事，关键是要找到“度”，会玩才能更高效地生活和成长。

我很讨厌抖音的信息茧房，总是把人控制在自己的舒适区中，但是我们有没有想过，其实我们也可以自救，比如驯化它。

娱乐有它的意义，人类在玩耍中成长，孩子是这样，大人也一样。完全拒绝娱乐只会让你变成一个无趣的人。**所以，不要一味反对玩耍，而是学会有规划地娱乐，既不过度沉迷，也不会因此丧失效率。**

我最近做了两件事，帮我拯救了“时间黑洞”，在此分享给你。

## 定个娱乐闹铃

如果你今天真的想放松一下，完全可以给自己定一个明确的娱乐时长。

- 想刷短视频？定 15 分钟闹铃，玩够了就收工。
- 想打游戏？定 3 局比赛，打完就停。
- 想浪费时间？也没关系，给自己设 3 个小时随意玩耍的时间，但到了时间必须结束。

一开始，你可能需要依赖闹铃来提醒自己，但当你和时间相处久了，你的内心会自动有个“计时器”，闹铃可能就不再需要了。

## 驯化你的娱乐设备

几乎所有的短视频平台、推荐系统、算法推送都可以被“驯化”。你完全可以有意识地去改变它，逐渐让设备从“时间杀手”变成“学习利器”。

- 不喜欢的内容，直接点击“不感兴趣”；
- 对你有帮助的内容，多点赞、收藏，甚至专门去搜索类似内容。

最多 3 天，每天 1 个小时，你的设备算法就会被重新“驯化”，推送的内容将不再是对你时间的消耗，而是对你的成长有帮助的信息。

娱乐不是你的敌人，只要你给它定规矩，它可以成为高效生活的一部分。

# 096

## 把时间花在“不需要”你的人身上

这一条很反常识，但是很重要。在职场和生活中，我们总是习惯花时间在那些需要我们、依赖我们的人身上，但真正能够给我们带来突破和成长的，往往是那些“不需要”你的人。这里，我来具体讲一讲这其中的逻辑。

如果你是下属，多去找领导主动沟通，因为领导太忙了，不会主动找你。这不仅是在职场中，在生活中也一样，很多年轻人不愿意去打扰那些比自己更厉害、资源更多、经验丰富的前辈，害怕被拒绝，觉得自己还不够格。

但你需要明白一个道理——人越往上，越愿意分享，越从容大气。他们不是不想理你，而是你不主动，他们也不会主动。只要你的问题是值得回答的，他们反而愿意给你时间。

所以，向上社交是必须的策略。大胆去找比你更强的人交流，汇报工作、请教问题、讨论思路，说不定一个小问题就能引发你职业生涯的大突破。

**在职场里有一个黄金法则：最“不需要”你的人，往往是你最该关注的。**他们带来的回报会更大，就像投资自己的优势要比补足短板更有效率。

如果你是上级，你手下的员工会分为两种类型：

- **天天围着你转、保持沟通的员工。**
- **很少主动跟你打交道、安静做事的员工。**

很多人会觉得第一个才是值得花时间的人，但事实上，你更需要注意第二种人。为什么？

- 如果他们知道自己在干什么，可能他们的方向需要你确认和调整，确保不会偏离目标。
- 如果他们不知道自己在干什么，你要及时介入，避免团队中的“隐形懒人”出现问题。

多去接触你平时没有业务交集甚至没什么熟悉感的人。他们可能是你平时工作中不常打交道的同事，也可能是不同部门的人。下班后请他们喝杯酒、吃顿饭、喝杯茶，哪怕闲聊，也会有收获。

为什么要这样做？

因为“弱关系”往往是新知识和新机会的来源。你的好朋友和熟人知道的，可能你已经知道了，但那些弱关系里的人，可能会带给你新的信息、行业变化、合作机会——这些才是让你脱颖而出的关键。

总结：多接触那些“不需要”你的人，才是最有价值的时间投资。

# 097

## 和高效的人一起工作，改变你的节奏

在职场上，你需要朋友，但更需要高效的朋友。如果你正忙着做事、推动项目、创业，选择和高效的同事或伙伴一起同行，会让你事半功倍。就像社会学中的“密友五次元”理论所说的那样：你是谁，很大程度上取决于你身边 5 个最亲密的人。

不仅是你的收入和阶层受影响，你的时间管理观念、工作习惯、效率意识，也会随着身边人的“平均值”而波动。所以，请留心你身边的人，尤其是和你共事的人。

### 什么样的人是高效的同事？

我来列几条特征：

- **目标导向**：他们不会绕来绕去，而是直奔核心目标。任务来了，第一反应是如何最快解决，而不是谁的责任。
- **自我组织能力**：他们善于梳理工作，不需要别人安排，能主动调整优先级，确保最重要的事先完成。
- **高度专注**：一旦进入状态，就沉浸其中，不被外界打扰。你看到他们时，会觉得这人好像“开挂”了一样。

- **沟通能力强：**他们会在团队中起到润滑剂的作用，清晰、简洁地传达信息，让人愿意听他们说话。
- **提供多方案：**不怕遇到难题，因为即使一个方案失败，他们往往已经准备好了备用方案。
- **超强的学习能力：**新技能、新软件、新知识，他们吸收起来比普通人更快。几天没见，他们可能就会有新的能力加成。
- **有时间意识：**他们会设定时间节点，清楚什么时候该加速，什么时候该复盘调整。

**如果你在找高效的朋友或同事，怎么做？**

- 首先，在你们公司找到目标明确、能高效达成业绩指标的人。多和他们共事、学习，看看他们的时间分配方法和日常工作习惯。
- 如果你发现某个同事刚好也在学习这门时间管理课，那太好了，赶紧找机会多交流，互相激励成长。
- 和他们建立起“工作＋生活”的双层关系。既能在业务上配合默契，关键时刻还能下班一起喝杯酒、吃顿饭。这种深层次的朋友关系，能让你在关键时刻获得支持和启发。

“近朱者赤，近墨者黑。”和高效的人在一起，你的时间管理观念和效率也会升级，最终让你的人生进入更高的节奏。

# 098

## 用好微信功能，节省时间

微信是我们生活中不可或缺的工具，除了日常聊天和工作，它还有很多功能可以帮助我们提高效率。今天，我来介绍微信中4个超级实用、省时间的功能，让你在细节中优化日常生活。

### 提醒功能

- **发送消息提醒：** 当你需要在某个时间完成一件事时，直接给自己或群聊发送一条任务消息，然后长按选择“提醒”，设置具体的提醒时间，这样就不会忘记重要事项。
- **定时提醒：** 微信的内置提醒功能支持定时消息提醒，如果你要在明天上午10点跟客户开会，可以提前设置提醒，确保准时收到提示。
- **语音提醒：** 如果你不想打字，直接录制一段语音消息提醒自己，如“下午4点开会别忘了”，更加直观、生动。
- **图片提醒：** 拍下重要文件、位置或行程安排，通过图片发给自己，并设置提醒，视觉化的提醒更加高效。

### 浮窗功能

很多人用微信看文章或文件时经常遇到打断，如消息提醒、电话、任务安排等。这时，可以点击右上角的“…”，选择“浮窗”功能，暂时将正在看的内容缩成一个小浮窗。处理完手头的事情后，再点击浮窗，就能回到刚才阅读的位置，无需重新打开或寻找。

### 收藏功能

无论是好文章、重要文档，还是语音和视频，都可以一键收藏到“微信收藏夹”中。这样你就不需要在繁杂的聊天记录里翻找。等到你有集中时间时，可以统一处理这些收藏内容，提高专注力。

### 朋友圈“仅自己可见”

当你看到一篇好文章、视频或资料，暂时不想与别人分享，也不想遗漏时，可以转发到朋友圈，设置为“仅自己可见”。这比收藏功能更加方便，尤其适用于需要稍后处理的材料或灵感。

### 并不是每条微信消息都要立刻回复

很多人因为微信消息不断而浪费了大量时间，请记住我们在第 84 讲中提到的文字回复习惯，学会筛选重要消息并适时处理，避免被微信绑架。

用好微信的这些功能，你会发现时间管理会变得更加高效。

# 099

## 用茶和咖啡帮你打败低谷期

我们在日常生活和工作中都会遇到低谷期，尤其是下午二四点或熬夜加班时，整个人像泄了气的皮球一样没有动力。这时，一杯茶或咖啡往往能起到立竿见影的提神效果。

记得当年瑞幸咖啡被曝出财务造假时，我和一位美国投资人聊天，他告诉我，无论如何，美国资本依然看好这个市场。他说，美国人几乎每天至少 1 杯咖啡，很多人甚至一天 3 杯以上，中国市场潜力巨大，如果每人每天喝 1 杯咖啡，那将是多么大的蛋糕！当然，后来的瑞幸在资本市场的“翻车”和神操作让人哭笑不得，但我关注的不是商业模式，而是咖啡在提神醒脑方面的实际作用。

咖啡因是茶和咖啡中的核心物质，它能刺激中枢神经，让你从低谷状态中迅速恢复过来。在国外的大企业里，每个人 1 天喝 2 ~ 3 杯咖啡是很常见的事情。

我的建议是适量饮用咖啡和茶，尤其是在低谷期。

当我在面对必须要完成的任务时，如果状态特别差，我会先去喝一杯美式咖啡（一定是不加糖的，因为加糖对身体不好），然后静待 15 分钟，通常状态就慢慢回来了，整个人重新充满能量。

有段时间，我每天早上都用一杯咖啡开启一天的工作，这一行为逐渐成为一种仪式感，让我迅速进入高效状态中。当然，如果你不喜欢咖啡，茶也能起到类似效果，尤其是绿茶或乌龙茶，其中也含有适量的咖啡因。

**注意事项：**

- **适量饮用。**不要一天喝三四杯咖啡，否则可能会导致心慌、焦虑甚至失眠。
- **避免睡前饮用。**特别是晚上，咖啡因会干扰你的睡眠质量，所以建议在下午 4 点之后减少摄入。
- **不建议依赖咖啡因药片。**我曾尝试过药店里出售的咖啡因片剂，据说一片等于两杯美式咖啡的效果。但每次吃完都觉得胃不舒服，所以我建议在特殊情况下，服用之前先咨询医生。

茶和咖啡是提神的好工具，但请记住，真正决定你效率高低的，是你如何管理自己的时间和精力。如果你习惯了在必要时喝一杯茶或咖啡，它们会成为你战胜低谷期的小帮手。

# 100

## 日日不断，时间自有答案

现在，在飞往洛杉矶的飞机上，我终于写完了这本书。

如果时间回到2023年，那一年，我刚刚从人生的一个低谷中走出来。那时我做了一个重要的决定：进入多伦多大学读研究生，主修AI领域。我没有让学业和生活脱节，反而在这段时间内开启了前所未有的高效人生。

2024年，我一边在学习AI，一边投入到视频号的内容创作中。从最初默默无闻，到3个月内积累了130万粉丝，再到1年内突破300万粉丝。

每天早起、学习、拍摄、剪辑、输出，这种节奏让我彻底释放了自己的潜力。我深刻体会到：当你尊重时间时，时间也会以成果来回报你。

不仅如此，我还完成了3本书：《人性博弈》《AI时代：弯道超车新思维》《我想把这个世界读给你听》。

这3本书是我这两年时间管理和思考的成果，每一本都倾注了我的理解和心血。同时，我还推出了两门课程，帮助更多人掌握新技能和思维模式。

这些内容的输出，是日日不断的写作、思考、打磨而来的。

在这期间，我也没有忘记锻炼身体，因为我知道，只有身体和精神都保持最佳状态，才能真正驾驭时间。

此外，我还在硅谷投了好几个 AI 和科技项目，未来或许能看到它们的蓬勃发展。你很难想象，这是我这两年交的答卷。

到了 2025 年，我终于完成了这本书。

写完的那一刻，我有一种从未有过的满足感。它不仅是我的总结，更是对未来的寄托。

我想告诉你的是，**这一切并不是因为我有多聪明，而是因为我学会了相信时间的力量，并与它成为朋友。时间就是这样，如果你不理它，它就是敌人，如果你和它相处，它就是朋友。**

我相信，每天的小积累终会成就大改变。就像这本书、我的学业、视频号的粉丝增长、几门课程和新项目，都是日日不断积累的结果。

如果你觉得自己还有很多想做却没时间去做的事情，请记住两个关键点：

- 日日不断。1 天 2 小时，10 天 20 小时，300 天就是 600 小时，你能做成很多你想象不到的事情。

✦ 善用时间的弹性。不要给自己加满时间负担，而是找到关键节点，把最重要的事情放在最佳时间里完成。

现在，这本书已经写完，我也可以完成其他选题的创作了。但你的时间管理之旅才刚刚开始。未来的某一天，当你遇到困惑、低谷或者瓶颈时，希望你能再次翻开这本书，找到属于你自己的答案。

感谢你一路陪伴，我相信在时间的长河里，我们一定会再次相遇。

2025 年 2 月 2 日 星期日

于洛杉矶机场